MYSTERY

풀리지 않는 세계 불가사의의
비밀이 궁금하지?
수학 탐정 유령인 내가
궁금증을 모두 풀어 줄게.
단, 이건 꼭 지켜 줘.

· 도플갱어 보고 놀라지 않기!
· 미라 유령보다 더 빨리 달리기!
· 외계인 유령 따라가지 않기!

감수 · 이지연(수학영재교육원 강사 및 초등학교 교사)

2010년 서울교육대학교를 졸업한 후 현재 서울미동초등학교에서 학생들을 가르치고 있습니다.
서울특별시서부교육지원청 영재교육원(수·과학융합분야) 강사 및 서울특별시 지정 단위학교
수학영재학급 강사로 활동하고 있습니다.

지음 · 정재은

출판 편집과 방송 작가 등 여러 직업을 통해 얻은 경험을 바탕으로 어린이 작가로 활동 중입니다. 그동안 지은
책으로는 《수학이 궁금할 때 피타고라스에게 물어봐》 《똥핑크 유전자 수사대》 《해인강 환경 탐사단》 《개념 쏙쏙
참 쉬운 수학》 〈스토리텔링 수학〉 시리즈의 《게임 수학》 《불가사의 수학》 《스파이 수학》 《바이킹 수학》
《로봇 수학》 《드론 수학》 등이 있습니다.

그림 · 김현민

2000년 주간 《아이큐 점프》에 '비켜 비켜'를 연재하면서 데뷔하였습니다. 펴낸 책으로는 《퀴즈! 과학상식-곤충》
〈스토리텔링 수학〉 시리즈의 《미로 수학》 《캠핑 수학》 《게임 수학》 《불가사의 수학》 《로봇 수학》 《드론 수학》등이 있습니다.

2023년 8월 10일 개정판 7쇄 펴냄

지음 · 정재은 **그림** · 김현민
감수 · 이지연(수학영재교육원 강사 및 초등학교 교사)
채색 · 박은자 **표지 채색** · 김란희

펴낸이 · 이성호
펴낸곳 · (주)글송이

편집/디자인 · 임주용, 최영미, 한나래, 권빈
마케팅 · 이성갑, 윤정명, 이현정, 문현곤, 이동준
경영지원 · 최진수, 박민숙, 이인석, 진승현

출판 등록 · 2012년 8월 8일 제2012-000169호
주소 · 서울시 서초구 능안말1길 1 (내곡동)
전화 · 578-1560~1 **팩스** · 578-1562
이메일 · gsibook01@naver.com

ⓒ글송이, 2015
 ISBN 979-11-7018-138-5 74410
     979-11-7018-137-8 (세트)

*이 도서의 국립중앙도서관 출판시도서목록(CIP)은 서지정보유통지원시스템 홈페이지(http://seoji.nl.go.kr)와
 국가자료공동목록시스템(http://www.nl.go.kr/kolisnet)에서 이용하실 수 있습니다.
 (CIP제어번호: CIP2015026165)

교과서 연계 수학 개념·원리

스토리텔링 수학

미스터리 수학유령의 불가사의 수학

경고
미라 유령
출몰 지역

정재은 지음 김현민 그림 이지연 감수

글송이

불가사의 속 수학 탐험!

불가사의란 보통 사람의 생각으로 미루어 생각할 수 없고, 현대의 과학으로도 설명할 수 없는 미스터리한 일을 말해요. 불가사의한 일 속에서 수학 탐정 유령과 안천재는 다양한 수학 개념들을 찾아냈어요.

미스터리 서클에서 기하학 도형을, 나스카 지상화에서 도형의 닮음을, 우리나라 석굴암에서 아름다운 동양의 황금비와 금강비를 배울 수 있어요. 또한, 뱀파이어가 존재할 수 없는 까닭, 버뮤다 삼각 지대의 무게 중심의 위치 등 불가사의에 수학이 접목된 문제를 해결하다 보면 수학의 원리를 깨우칠 수 있지요.

그래서 《수학 유령의 미스터리 불가사의 수학》은 수학과 과학 이야기가 함께 녹아 있는 멋진 스토리텔링 수학이라고 할 수 있지요.

우리 함께 불가사의 속 수학 탐험을 떠나 볼까요? 이 책의 마지막 책장을 넘길 때는 수학적 사고력과 이해력이 한층 올라가 있을 거예요.

수학영재교육원 강사 및 초등학교 교사 이지연

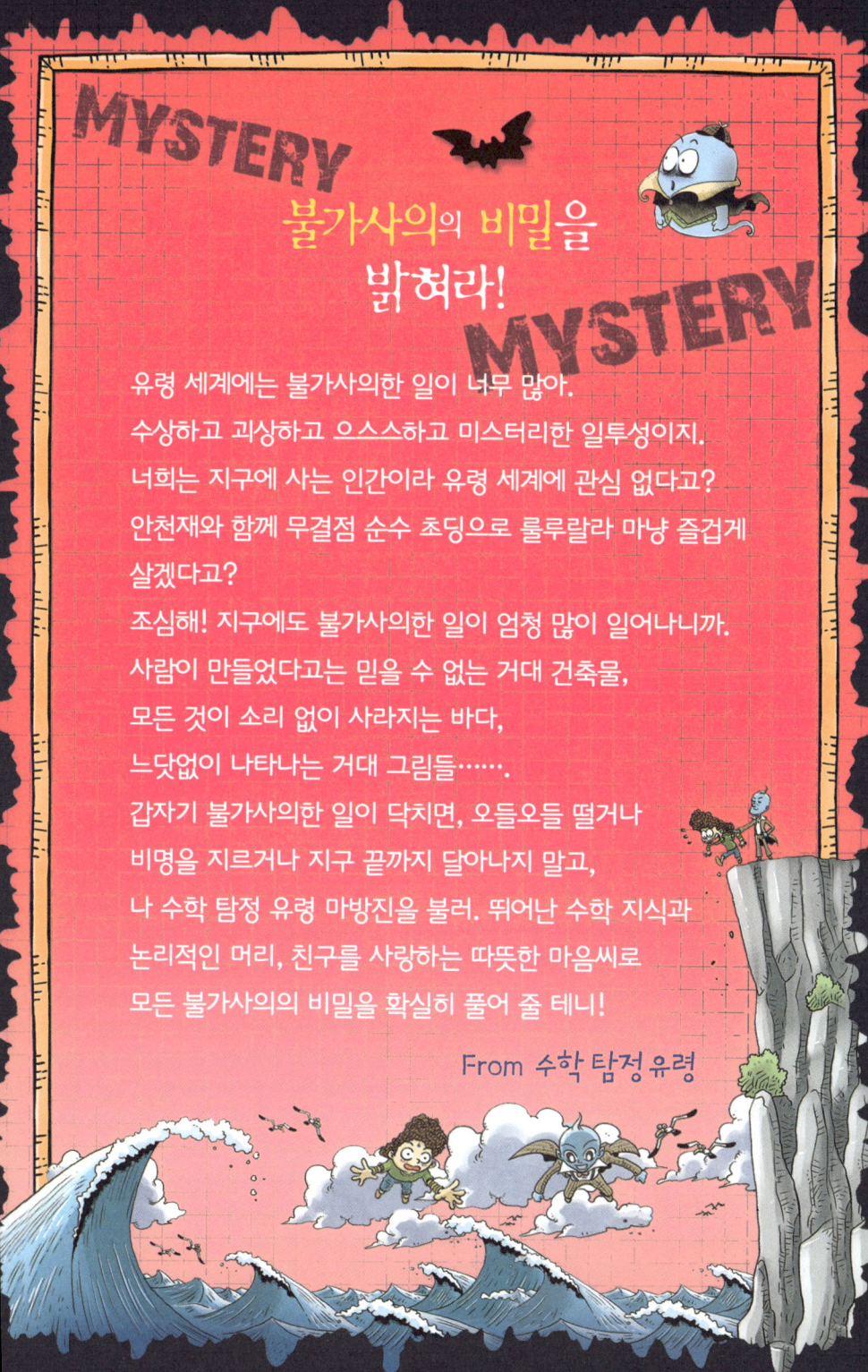

프롤로그
도플갱어가
나타났다! ··· 9

데자뷰는 왜
일어날까? · 17

1 공포의 여왕과
드라큘라가
결혼할 확률 ··· 18

2 수학 탐정 유령을 본
기억을 지워라! ··· 26

3 옥수수밭에서 일어난
의문의 사건 ··· 41

미스터리 서클은 외계인의
메시지? · 49

4 미스터리 서클과
초능력 소년 ··· 50

5 SOS! 도와줘,
수학 탐정 유령! ··· 65

6 불가사의한
피라미드의 비밀 ··· 76

피라미드에 숨겨진 수학
미스터리 · 89

7 죽음의 바다
버뮤다 삼각 지대 ··· 90

8 해골 유령을
유령 세계로 보내는
주문 … 103

사라질 뻔한 나스카 지상화를
지켜 낸 수학자 • 111

9 수수께끼 그림
나스카 지상화 … 112

10 네스호에 나타나는
괴생물체 … 121

괴생물체는 정말
존재하는가? • 131

11 파로스 등대의
신비한 비밀 … 133

12 외계 유령 전사
Vs 고대 유령 병사
… 144

우주에 정말로 외계인이
살고 있을까? • 155

13 석굴암에 나타난
외계의 메시지 … 157

우리나라의 불가사의,
석굴암 • 167

14 천재의 영혼, 드디어
몸을 되찾다! … 168

에필로그
도플갱어와의
아쉬운 이별 … 179

수학 개념과 교과서
연계 내용 • 184

프롤로그

도플갱어가 나타났다!

"나와 똑같이 생긴 또 다른 나 도플갱어. 그를 만나면 절대로 눈을 맞추지 마라. 눈이 마주치는 순간, 너는 죽을 운명에 빠질 것이다."

공포의 여왕 주리의 으스스한 목소리가 귓가에 쟁쟁 울렸어. 식은땀을 뻘뻘 흘리며 고개를 절레절레 젓는 순간, 눈이 번쩍! 낮잠을 자다가 악몽을 꾸다니, 어휴!

아 참, 늦었다!

나는 놀자고 매달리는 흰둥이를 뿌리치고 집 밖으로 뛰쳐나갔어.

친구들과의 약속 장소는 우리 학교 옆 구립 도서관.

 바람처럼 달려 학교 교문을 지나가는데 벌레가 목덜미를 스멀스멀 기어오르는 것 같은 기묘한 느낌, 나는 뒤를 돌아보았어.
 교문 옆 기둥에 삐딱하게 기대선 아이가 눈에 들어왔어. 라면처럼 구불거리는 곱슬머리, 매력적인 둥근 눈과 인생의 고뇌를 담고 있는 다크서클. 불의에 굴복하기 딱 좋은 나약한 팔다리. 나랑 너무 닮았잖아? 왠지 여자 같은

느낌만 빼면 나랑 똑같아. 아니, 바로 나야. 혹시 주리가 말한 또 다른 나, 도플갱어가 아닐까?
 순간 발을 헛디디는 바람에 그만 땅에 엎어지고 말았어. 아, 무릎 아파.

하지만 하찮은 아픔에 신경 쓸 겨를이 없어! 나랑 똑같은 도플……, 아이고 말하기도 무섭다! 아무튼 그 아이는…….

사라졌어. 교문 앞에는 아무도 없었지. 벼락이라도 맞은 것처럼 머리카락이 쭈뼛 섰어.

"천재야, 여기서 뭐 해?"
"도서관에서 만나기로 했는데, 왜 여기 이러고 있냐?"
지한이와 주리가 나를 내려다보며 물었어. 나는 멍한 눈으로 친구들을 바라보다가 겨우 입을 열었어.
"저기, 내가 있었어. 분명 나였어. 나랑 똑같은 사람이 저기에 서 있었다고! 어디로 갔지?"
눈을 부릅뜨고 둘러보았지만, 사람의 그림자라고는 보이지 않았어.
"이상하네. 하늘로 솟았나, 땅으로 꺼졌나?"
내 말에 지한이는 고개를 절레절레 저었어.
"누굴 봤는지는 모르겠지만, 사람이 사라졌다면

학교 안으로 숨었다거나 건너편 가게로 들어갔다는 게 더 논리적인 설명 아닐까? 사람은 절대로 하늘로 솟거나 땅으로 꺼질 수 없으니까."

물론 지한이의 말이 맞아. 우리 학교에서 제일 머리가 좋고 수학, 과학, 음악에 천부적인 재능이 있는 진짜 천재 지한이의 말이 틀리면 그게 더 이상하겠지! 그래도 내 눈으로 똑똑히 보았는걸! 나랑 똑같이 생긴 도.플.갱.어. 으허헉, 무서워라!

주리도 어깨를 부르르 떨며 물었어.

"정말 봤어? 정말 너랑 똑같은 애를? 도플갱어를? 설마 너, 쳐다본 건 아니지? 진짜 도플갱어랑 눈이 마주치면, 끽! 알지?"

주리는 차마 입에 담기조차 무서운 단어를 자기 집 개 이름처럼 마구 불러 댔어. 온 세상의 도플갱어는 다 불러 모으려는 듯이 말이야. 끔찍하고 무서운 것이라면 뭐든지 좋아하는 공포의 여왕 주리는 지금 이 순간이 엄청 신나겠지. 도플갱어와 마주친 사람이 주리가 아니라 나여서 질투가 날지도 몰라.

하지만 난 무결점 순수 초딩 안천재야. 너무 순수해서 주리의 공포스러운 장난과 농담에 늘 겁을 먹는다고!

"주리 너, 자꾸 엉터리 같은 소리 하면, 다시는 너랑 안 논다."

유치하게 대꾸하며 도플갱어를 만났던 순간을 떠올렸어. 우리의 눈이 마주쳤던가, 아닌가? 나만 그 아이를 쳐다봤나, 도플갱어도 나를 쳐다봤나? 눈 색깔이 어땠지? 쌍꺼풀이 있었나? 아, 모르겠다, 모르겠어. 생각이 곱슬곱슬 엉키면서 눈시울이 뜨거워졌어.

눈물을 겨우 참으며 주리에게 물었어.

"근데 주리야, 혹시 도플갱어랑 눈이 마주친 사람은 얼마나 있다 죽는대?"

"아이고! 마주쳤네, 마주쳤어. 이를 어쩌! 천재야, 얼른 유언부터 남기는 게 어때? 나한테 남길 건 없어? 최신 스마트폰이라든지 돼지 저금통이라든지 만화책도 좋아. 흰둥이는 사양할게. 우리 집에도 개는 많거든."

주리는 손뼉을 치며 호들갑을 떨었어. 즐거워하는 주리와 달리 내 눈에서는 **왕 구슬만 한 눈물**이 뚝 떨어졌지. 나는 턱에 눈물을 대롱대롱 매단 채로 지한이를 쳐다보았어. 내 절친 진짜 천재 진지한아, 공포의 여왕 주리 말이 정말 맞니?

"그래, 유명한 작가 괴테도 도플갱어를 본 적이 있대.

괴테는…… 죽었지, 아마?"

아아, 불쌍한 안천재. 겨우 열한 살에, 장가는커녕 예쁜 여자 친구와 데이트도 못 해 보고 이렇게 죽는구나! 겨우 버티고 있던 다리의 힘이 탁 풀리며 주저앉고 말았어.

지한이가 깔깔깔 웃었어. 얄궂은 운명의 장난으로 절친이 죽게 생겼는데 깔깔거리다니, 정말로 우정은 컴퓨터 게임 한 판보다 덧없는 것인가!

"천재야, 괴테가 언제 사람인 줄 알아? 1749년에

태어났어. 옛날 사람이니까 지금은 당연히 죽었지. 괴테는 젊었을 때 도플갱어를 봤는데, 오래오래 살아서 80살도 훨씬 넘어서 죽었으니 걱정 마."

나는 지한이의 손을 붙들고 힘겹게 일어났어.

"그러니까 나, 안 죽는 거지?"

"당연하지. 난 도플갱어를 믿지도 않아. 도플갱어가 있다는 과학적 증거는 없거든."

아, 다행이다! 진짜 천재인 내 친구 지한이의 말만 믿을 테야. 나는 겨우 힘을 내 도서관을 향해 한 걸음 내딛었어. 하지만 지한이의 마지막 말이 뱀파이어의 이빨처럼 날카롭게 내 목덜미를 물었어.

"근데……, 도플갱어가 있다는 증거는 확실히 없는데, 도플갱어가 없다는 증거도 확실히 없긴 해."

미스터리 수학

데자뷰는 왜 일어날까?

처음 겪는 일인데 예전에 겪었던 것 같은 묘한 느낌이 든다고? 이런 현상을 데자뷰(deja vu), 또는 기시감(既視感)이라고 한다. 데자뷰는 왜 일어나는 걸까?

어떤 사람들은, 데자뷰가 기억의 혼란 속에서 나타난다고 한다. 뇌가 무의식 속에 저장한 기억이 비슷한 일을 겪을 때 갑자기 튀어나오면, 뇌가 '전에도 똑같은 일이 있었어.'라고 생각한다는 것이다.

의학계에서는 두뇌의 측두엽에 간질이 있는 사람이 데자뷰를 겪을 수 있다고 한다. 미국의 한 물리학자는 사람의 두 눈이 어떤 것을 동시에 볼 때 데자뷰가 일어난다고 했다. 한쪽 눈의 정보가 뇌에 도착한 뒤 0.025초 이후에 다른 눈으로 본 정보가 도착하면, 뇌가 먼저 도착한 정보를 예전에 있었던 일로 착각한다는 것이다. 하지만 데자뷰가 왜, 어떻게 일어나는지는 과학적으로 증명되지 않았다.

측두엽

MYSTERY

공포의 여왕과 드라큘라가
결혼할 확률

 으악! 벌써 8시 30분. 또 지각이다!
 도플갱어를 만난 다음부터 날마다 지각이야. 잠만 잤다 하면 악몽을 꾸는 바람에 잠을 설치다 늦잠을 자고, 결국 지각을 해서 선생님께 혼나는 날들이 이어졌어. 오늘 아침에는 정말로 오싹한 일까지 생겼어. 꿈속에 도플갱어를 피해 달아나다 거대한 폭포 뒤에 숨었거든. 쏴아아 요란한 폭포 소리를 들으니 갑자기 오줌이 마려웠지. 폭포에 살짝 쉬를 했는데, 깨어 보니 진짜로 내가 오줌을 싼 거야. 이불은 흠뻑 젖어 있고, 오줌 냄새가……, 으엑!
 얼른 거실에서 자던 흰둥이를 데려와 흰둥이가 내 침대에

오줌을 싼 것처럼 덮어씌웠지. 작전은 다행히 성공! 영문도 모른 채 엄마에게 혼쭐이 난 흰둥이에게는 미안하지만, 내 실수를 들켰다면 열한 살 내 인생은 끝장이야. 차라리 도플갱어와 10번 마주치는 것이 낫지.

  그런 소동을 벌이느라 오늘도 지각을 하고 말았어. 그런데 막 교문을 들어서다가 학교를 급히 빠져나가는 흰 차를 보았어. 뒤쪽 유리창에 노란 **스마일 스티커**가 붙은 하얀 차, 우리 담임 선생님 차였어. 수업 시작할 시간인데 어디 가시는 거지? 앗싸! 오늘은 혼나지 않겠다! 나는 당당하게 교실로 들어갔어.

"어이, 안천재, 또 지각? 오늘도 청소 당번?"

주리가 생글생글 웃으며 농담을 했어. 어휴! 내가 누구 때문에 날마다 이 고생을 하는지도 모르고 장난이야. 하지만 오늘은 나도 그냥 당하지 않을 거야. 나는 어깨를 쫙 펴고 당당하게 말했어.

"이걸 어쩌나, 공포의 여왕. 안천재 님은 오늘 혼이 나지 않을 거야. 오늘은 선생님이 결석하실 거니까."

"어떻게 알아?"

주리가 눈을 동그랗게 뜨고 물었어.

"난 미래를 내다보는 초감각이 있거든. 내 예언이 맞나 틀리나 두고 보라고!"

선생님이 돌아오시면 어쩌나 슬쩍 걱정은 되었지만, 일단 주리 코를 납작하게 만들고 봐야지!

정말로 담임 선생님이 안 오셨어. 미술 선생님이 오셔서, 담임 선생님은 급한 일로 집에 가셨다고 알려 주셨지. 그 말을 듣자마자 주리는 내게 엄지손가락을 치켜들었어.

"오! 안천재. 미래를 예언한 거야? 어떻게? 너, 정말 특별한 능력이 있어? 벼락이라도 맞은 거야? 응, 응?"

알고 보면 별것도 아닌데 주리는 작은 일에 크게 감탄하곤 해. 그럴 때 보면 터무니없이 순진하다니까.

주리의 반응이 재미있어서 나는 일부러 신비한 비밀을 품고 있는 것처럼 굴었어.

"영혼이 맑은 사람은 미래를 예측할 수 있지. 다들 오늘 오후엔 집에 일찍 가는 게 좋을 거야. 우리 학교 앞에 지저분한 기운이 느껴져. 쓰레기, 배설물 뭐 이런 거?"

"정말? 왜? 그걸 네가 어떻게 알아?"

예상대로 주리는 눈을 반짝반짝 빛내며 관심을 보였어.

"두고 봐."

그날 오후, 내

예언대로 지저분한 일이 생겼어. 학교 정화조를 청소하러 똥차가 왔거든. 집에 가는 길에 똥차를 본 친구들은 나한테 우르르 몰려왔어.
 "안천재, 어떻게 알았어? 이제 보니 너, 천재가 아니라 예언자구나?"
 "정말 신기하다! 꿈에 막 미래가 나오고 그러는 거야?"
 나보다 더 순수 초딩인 친구들이 감탄했어. 내 어깨는 으쓱으쓱 하늘 높은 줄 모르고 올라갔지. 사실은 어제 행정실에 심부름 갔다가 오늘 정화조

청소하러 온다는 전화 통화를 엿들은 것뿐인데!

"예언자 안천재. 내 운명도 좀 알아봐 줘, 응? 나, **드라큘라 백작**과 결혼할 수 있을까?"

주리는 어처구니없는 예언까지 부탁했어. 하지만 예지력(어떤 일이 일어나기 전에 미리 아는 능력)이 0%인 사람도 이런 질문에는 100% 딱 맞는 예언을 할 수 있지. 나도 정확하게 예언했어.

"드라큘라 백작은 뱀파이어잖아. **인간의 피를 빨아 먹어야 사는 뱀파이어.** 그러니까 넌 드라큘라 백작과 결혼하지 못할 거야. 절대로."

"내가 사람이라 안 된다는 거야? 사랑은 국경과 인종을 초월한다고! 난 드라큘라 백작과 결혼할 거야."

주리는 내가 둘의 결혼을 방해하는 훼방꾼이라도 된 것처럼 발을 동동 굴렀어. 그 순간 나는 깨달았어. 진짜 친구라면 주리에게 진실을 말해 주어야 한다고 말이야.

"주리야."

최대한 따뜻하고 부드러운 목소리로 주리를 불렀어. 산타 할아버지가 없다는 걸 알고 절망했던 어린 시절의 내가 떠올랐거든.

"드라큘라 백작과의 결혼이 불가능한 이유는 수학적으로

세상에 뱀파이어가 존재할 확률이 거의 없기 때문이야."
"아니야. 아니거든. 네가 그걸 어떻게 알아?"
주리가 소리를 꽥 질렀어. 주리의 희망을 무너뜨려서 미안하지만 그래도 진실은 숨길 수 없지.
"최초의 뱀파이어가 100년 1월 1일에 생겼고, 뱀파이어는 한 달에 한 번 피를 빨아 먹는다고 가정해 봐. 당시 인간의 수가 1023명이라면, 다음 달인 100년 2월 1일에는 원래 있던 뱀파이어와 뱀파이어한테 피를 빨려 뱀파이어가 된 사람, 이렇게 해서 뱀파이어가 둘이 되고, 인간의 수는 한 명이 줄어 1022명이 돼.
또 한 달 뒤인 3월 1일에는 뱀파이어가 4명, 4월 1일에는 뱀파이어가 8명……. 뱀파이어는 점점 늘어나고 인간의 수는 줄어들 거야. 결국 100년 1월 1일에서 10개월이 지나면 뱀파이어는 인간의 수만큼 늘어나서 결국, 사람도 뱀파이어도 멸종할 거야. 그러니까 너는 있지도 않은 드라큘라 백작과 결혼할 수 없어."

"정말? 아! 이렇게 내 꿈이 무너져 가는구나."

주리는 털썩 자리에 주저앉아 눈물샘을 터뜨렸어. 주리가 너무 슬퍼하니까 좀 미안했어. 그냥, 드라큘라와 결혼할 가능성이 2%쯤 있다고 말해 줄 걸 그랬나? 하얀 거짓말로 말이야.

뱀파이어가 세상에 존재할 확률은?

천재가 말한 조건에서 처음에 1명이던 뱀파이어의 수는 1달이 지나면 2명, 2달이 지나면 4명, 3달이 지나면 8명, 4달이 지나면 16명······으로 늘어나.
즉, 1개월이 지날 때마다 뱀파이어의 수는 전월의 2배씩 늘어나는 규칙을 발견할 수 있지.

개월 수(개월)	시작	1	2	······	9	10
뱀파이어 수(명)	1	1×2=2	2×2=4	······	256×2 =512	512×2 =1024
인간 수(명)	1023	1022	1020	······	512	0

10개월이 지나면 뱀파이어의 수는 1024명이 되고, 인간은 0명이 되어. 따라서 첫 번째 뱀파이어가 생겨난 지 10개월이 되면 인간은 모두 뱀파이어가 되어 버리니, 뱀파이어는 더 이상 피를 빨아 먹을 사람이 없어지겠지. 그러니까 천재가 말한 조건대로라면 수학적으로 뱀파이어는 세상에 존재하지 않아.

수학 탐정 유령을 본 기억을 지워라!

"어? 이게 무슨 그림이지?"

분명 수학 문제를 풀고 있었는데 유령에게 홀린 듯 동그라미만 잔뜩 그렸지 뭐야. 얼른 지우개를 들어 원을 하나씩 지웠어. 훌륭한 그림 솜씨가 아깝긴 하지만, 엄마에게 잔소리를 듣기는 너무도 싫으니까.

그런데 원이 하나씩 사라질 때마다 뭔지 모르는 강렬한 기운이 내 심장을 콕콕 찌르는 것 같았어. 나는 지우개를 던져 놓고 벌떡 일어나 방 밖으로 나갔어.

"엄마, 우리 이번 주말에 할아버지 집에 갈 거야."

어, 내 입에서 왜 이런 말이 나오지? 말해 놓고 내가 더 놀랐어.

"지난주에 다녀왔잖아. 왜, 뭐 놓고 왔어?"

난 고개를 절레절레 흔들었어. 왜 그런 말을 했는지 모르겠다는 뜻이었어.

"엄마는 못 가. 주말에 약속 있어."

내 예언은 맞아떨어졌어. 우리 가족은 주말에 시골 할아버지 집에 가게 되었지. 덜컥 겁이 났어. 진짜 예언자는 무섭잖아!

할아버지 집에 도착하자마자 더 무서운 일이 기다리고 있었어. 학교 앞에서 봤던 도플갱어가 또 나타난 거야. 뒷모습이었지만 나는 대번에 알아차렸지. 나랑 똑같이 생긴 **또 다른 나**라는 걸!

"으악!"

도플갱어가 휙 돌아보았어. 내 몸은 이미 빳빳하게 굳고 말았지.

"어, 천재야! 안천재!"

도플갱어가 내 이름을 불렀어. 후유, 다행히 도플갱어가 아니라 내 소꿉친구 용비였어.

   용비는 할아버지네 옆집에 살던 무당 용 할머니의 손녀야. 시골 동네에 어린애라고는 용비와 나, 둘뿐이라 우리는 참 친했어. 동네 어른들은 우리를 볼 때마다 쌍둥이처럼 닮았다고 했지. 둘 다 키도 고만고만하고, 얼굴도 동그랗고, 눈도 작고, 무엇보다 바구니처럼 부푼 곱슬머리가 똑같았거든.

   용비는 여자아이였지만 나보다 더 씩씩하고 힘이 세고, 달리기도 잘하고, 벌레도 잘 만졌어. 일곱 살이 넘도록 1에서 10까지도 못 셀 정도로 수학 실력이 빵점인 것만 빼고는 나무랄 데 없었지.

   용 할머니 흉내를 내며 가끔 점도 쳐 줬어. 점심 반찬에 햄이 나올까, 뭐 이런 정도? 용비가 잘 맞췄냐고? 아주 귀신처럼!

   "천재야, 오랜만이야."

   인사만 해 놓고 우리는 둘 다 쭈뼛거렸어. 용비는 3년 전, 용 할머니가 돌아가신 뒤 아빠와 새엄마가 사는 칠레 산티아고에 이민을 갔거든. 그 뒤로 한 번도 못 만났으니 어색한 게 당연하지.

   "잘 지냈어? 난 아빠 따라 잠깐 한국에 다니러 왔어. 그동안 시차 때문에 전화 한 번 못 했네. 서울의 시각이

산티아고보다
12시간이나 빠르잖아. 산티아고가
오전 10시일 때 서울은 새벽 4시지? 너 쿨쿨
자고 있을 시간."

물론 새벽 4시에 나는 쿨쿨 자고 있을 거야.
하지만 산티아고가 오전 10시일 때 서울은 오후 10시라고!
늦은 밤이지만 국제 전화 정도는 받을 수 있는 시간이야.
옛날이나 지금이나 용비의 수학 실력은……. 하지만 우정의
이름으로 지적하지 않겠어.

오랜만에 우리는 용 할머니 방에 가 봤어. 인자한
산신령님 그림과 커다란 양초, 알록달록한 천이 둘러진

방은 예전 모습 그대로였어.

'어이구, 천재 이놈. 또 여기 들어왔네. 너는 영혼이 너무 맑아서 할매 방에 들어오면 못써. 못된 유령이 꾀어도 절대로 친구 하면 안 된다, 알겠니?'

할머니의 다정한 목소리도 들리는 것 같았지.

"천재야, 괜찮으니까 어서 털어놔, 당장. 난 다 알고 있어."

용비가 뜬금없이 나를 다그쳤어.

"뭘? 뭘 털어놔?"

"꿈에 할머니가 나타나 말해 줬어. '천재가 유령들과 어울리고 있다. 어둠의 유령의 꾐에 빠져 영영 이승(지금 살고 있는 세상)을 떠나게 될 수도 있으니 꼭 말려라.' 이렇게."

아이고, 학교에서는 공포의 여왕 주리가 무시무시한 드라큘라, 귀신, 마녀 타령을 하더니, 시골에 오니까 용 할머니의 손녀 용비가 유령 타령을 하네.

"웬 뚱딴지같은 소리야. 난 유령, 귀신같은 건 딱 질색이야. 난 두려움으로 똘똘 뭉친 순수 초딩이라고."

"두려움과 순수가 문제야! 유령은 그런 애들을 좋아하거든. 누구야, 널 찍은 유령이? 이름을 대."

용비의 눈빛은 아주 진지했어. 설마……, 농담이 아닌 거냐? 나는 어떻게 해야 할지 몰라 눈만 껌벅거렸어. 용비는 할머니 흉내까지 내며 나를 다그쳤지.

"천재 너, 눈 좀 감아 봐. 내가 셋을 세면 눈을 뜨면서 떠오르는 단어를 대. 그게 바로 네 유령 친구 이름일 거야."

"어휴, 정말!"

투덜거리면서도 용비가 시키는 대로 눈을 감았다가 떴어.

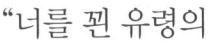

내가 왜 마방진이라고 했을까? 마방진은 가로, 세로, 대각선의 합이 같아지도록 자연수를 정사각형 모양으로 늘어놓는 수학 퍼즐인데.

"너를 찍은 유령의 이름이 바로 마방진이구나. 얼른 불러. 좋은 유령인지 나쁜 유령인지 내가 좀 봐야겠어. 어서!"

용비는 눈을 부릅뜨고 입을 앙다물었어. 소름이

끼칠 정도로 진심이었어. 물론 내게 정말 유령 친구가 있다면 용비는 틀림없이 검증하려고 할 거야. 예전부터 내 일을 자기 일보다 더 중요하게 여겼으니까. 하지만 유령이라니……. 그래도 하늘을 보고 웅얼거려 봤어.

"마방진……, 유령……, 좀 나와 봐요. 도와줘……요."

깔깔깔. 용비가 웃음을 터트렸어. 날 놀린 거야.

"천재야, 이 순진한 것. 무결점 순수 초딩임을 인정한다!"

"으악! 너무해!"

약이 올라서 마당으로 방방 뛰어나갔어. 용비 너, 남자였으면 벌써 내 손에 끝장났어. 오랜만에 만나서 용서해 주는 거지, 아니면 벌써 절교야. 어우! 유령은 무슨. 세상에 그런 게 어디 있냐!

바로 그 순간, 공중에서 빵빵한 파란 풍선 같은 게 불룩 솟아올랐어. 풍선은 내 볼에 딱 붙어 찐득한 뽀뽀를 퍼부었어.

"마방진 탐정 유령님?"

머릿속에서 사라졌던 유령 기억이 주절주절 떠올랐어. 유령 세계에서 일어나는 미스터리 사건을 해결하는, 용감하고 잘생기고 똑똑한 수학 천재 유령이라고 떠벌리는 탐정 유령 마방진. 실제로는 고약한 유령 사건을

내게 떠넘기는 뻔뻔하고 겁도 많지만 정이 넘치는 탐정 유령 마방진. 아, 마방진의 부탁으로 유령 세계와 인간 세계를 넘나들며 몇 번이나 죽을 고비를 넘겼던가!
"안천재, 내 사랑. 무슨 일이야, 응? 응? 응?"
탐정 유령은 내 얼굴을 껴안고 놓지를 않았어.
"아유, 놔요. 침 묻잖아요. 퉤퉤퉤."
나는 용비가 마당으로 나온 것도 모르고 몸부림을 쳤어.
"세상에! 정말 유령이네. 유령이 나타났어!"
깜짝 놀란 용비 목소리, 더 놀란 탐정 유령의 비명!
"꽥! 누구냐, 넌? 인간이냐, 유령이냐? 인간이라면 유령을 볼 수 없다!"
"유령을 봐서 미안해요. 할머니한테 얘기를 듣긴 했는데 진짜 보니까 더 신기하네요."
용비는 겁도 없이 마방진의 민머리를 쓰다듬었어. 마방진은 몸서리를 치며 물었어.
"뭐야? 얜 누구야? 어떻게 내가 보이지? 혹시 마녀? 마녀가 널 괴롭혀서 구해 달라는 거야? 아웅, 나도 마녀는 무서운데!"
탐정 유령이 용비를 오해할까 봐 얼른 소개해 줬어.
"얘는 용비예요. 무당인 용 할머니 손녀인데, 유령을 보는

능력이 있다나 봐요. 근데 마방진 형, 내 옆에 얼쩡거리지 마세요. 난 유령이 무섭다고요!"

 말은 그렇게 했지만 속으로는 반가웠어. 탐정 유령 마방진은 지한이와 주리만큼 나랑 친한 친구니까.
 "예끼! 바빠 죽겠는데 널 구하러 왔더니만 장난? 그럼 당장 돌아가야겠다. 너희의 유령 기억부터 없애고."
 마방진은 손바닥으로 용비의 얼굴을 쓸어 눈을 감겼어.
 "천재 친구 녀석아, 눈앞에 뭐가 보이니?"
 용비가 싱긋 미소를 지으며 말했어.
 "아무것도 안 보여요. 난생처음 본 유령 얼굴을 꼭 다시

보고 싶은데!"

용비는 눈을 번쩍 떴어.

"앗, 눈을 뜨니 다시 유령이 보이네요. 하하하!"

탐정 유령은 당황해서 꼬리를 달달 떨었어.

"엥? 유령 기억이 왜 안 사라지지? 왜?"

"전 유령을 보는 특별한 능력이 있어요. 무당 할머니한테 물려받았죠."

"말도 안 돼. 무당은 그런 능력이 없어. 과학적으로 증명된 게 없다고!"

흠, 과학적으로 증명할 수 없는 유령이 할 말은 아닌 것 같지!

"탐정 유령님, 세상에는 불가사의한 일들이 정말 많답니다. 제 걱정은 말고 천재의 유령 기억이나 지워 주세요."

진짜 유령 앞에서 조금도 주눅 들지 않다니! 역시 용비는 유령보다 더 무서운 사람이야.

"힝, 내 능력이 안 통해서 속상해. 어쨌든 용비야, 나를 잊어. 너무 잘생겨서 힘들겠지만 꼭 잊는 거다."

탐정 유령은 용비에게 단단히 이르고 내 눈을 감겼어. 나는 탐정 유령의 기억을 다 잊고 싶지 않아. 하지만 내

친구 탐정 유령의 부탁이니까.
"천재야, 눈을 감아. 무엇이 보이니?"
잠깐 동안 세상이 까매졌어.

눈을 떠 보니 나는 용비네 마당에 서 있었어. 여기서 뭘 하고 있었지? 우리 할아버지랑 엄마 아빠가 나를 기다릴 텐데.
"용비야, 나 할아버지 집에 갈게. 나중에 봐. 안녕!"
나는 얼른 할아버지 집으로 뛰어갔어.
"다 모였으니 따라오너라."
할아버지는 아빠, 엄마,

그리고 나를 데리고 뒷산 중턱의 절벽으로 올라갔어. 옥수수밭을 보러 가시는 모양이야.

뒷산 절벽의 꼭대기에 올라서면 할아버지가 애지중지하는 옥수수밭이 훤히 내려다보이거든.

할아버지는 종종 절벽 끝에 아슬아슬하게 서서 옥수수밭을 바라보셨어. 그 옥수수밭은 원래 돌밭이었는데 할아버지가 돌을 하나하나 골라내어 밭으로 일구셨대.

할아버지는 돌밭을 옥토(영양분이 풍부한 좋은 땅)로 만들던 그때의 노력을 잊지 않으려고, 골라낸 돌들을 멀리 갖다 버리지 않고 옥수수밭 옆에 쌓아 놓으셨어.

"여기 와서 옥수수밭을 좀 내려다봐라."

할아버지는 절벽 꼭대기에 서서 아래를 내려다보며 말씀하셨어.

할아버지는 아무렇지도 않으신가 봐! 아, 난 절벽 아래를 보기만 해도 똥꼬가 간질간질한데! 아빠는 나보다 더 겁을 내며 뒷걸음질을 쳤어. 유령 산으로 으스스한 캠핑을 다녀온 뒤, 아빠한테 **고소 공포증**이 생겼거든.

높은 곳에 올라가면 눈도 잘 못 뜨고 벌벌 떠는 아빠에게 절벽 끝은 거의 지옥이야. 게다가 어느새 해가 져서 주위가 컴컴해졌지 뭐야. 다행히 달빛이 환히 비추긴 했지만, 절벽

끝에서 잠시라도 마음을 놓는 순간 발이 미끈……. 생각만 해도 가슴이 철렁 내려앉지 뭐야.

산티아고와 서울의 시차는?

서울의 시각은 칠레 산티아고의 시각보다 12시간 빨라.

(서울의 시각) = (칠레의 시각) +12
= (오전 10시) +12
= 22시 ⇢ 오후 10시

그래서 칠레 산티아고가 오전 10시일 때 우리나라 서울은 오후 10시야.
서울의 시각이 오후 3시일 때 산티아고의 시각은 몇 시일까? 칠레 산티아고의 시각은 서울의 시각보다 12시간 느리므로, 오전 3시가 되지.

(산티아고의 시각) = (서울의 시각) −12
= (오후 3시) −12
= (15시) −12
= 오전 3시

옥수수밭에서 일어난 의문의 사건

 엄마는 겁쟁이 아빠와 내 손을 꼭 잡고 절벽 끝으로 걸어갔어.
 절벽 아래에는 샛길을 가운데 두고 양쪽으로 정사각형 모양의 옥수수밭이 나란히 펼쳐져 있어. 어? 그런데 옥수수밭에 무슨 무늬가 그려져 있네. 여러 개의 원이 겹쳐진 무늬, 언젠가 본 듯한 아주 익숙한 그림이야.
 맞다! 며칠 전에 수학 문제를 풀다가 내가 그린 여러 개의 원 그림과 똑같아. 유령에라도 홀린 듯 연필이 내 손을 움직여 제멋대로 그린 그림 말이야. 어떻게 이런 일이 생겼지? 소름이 오싹 끼치면서 온몸에 힘이 쭉 빠졌어.

 몸이 휘청거리면서 앞으로 쏠렸어. 이러다 절벽에서 떨어지겠어!
 "천재야!"
 엄마가 내 몸을 홱 끌어당겼어. 휴, 살았다!
 "아유, 조심해. 내가 네 생명의 은인이니까, 내 소원 하나 들어줘야 해."
 우리 엄마의 모성애는 참 계산적이기도 하지!
 사랑을 재는 저울이 있다면 우리 엄마의 모성애를 꼭 재 보고 싶어. 지한이나 주리 엄마의 모성애와 비교해서 우리 엄마가 꼴찌면, 지금처럼 절대 복종하며 살지는 않겠어!
 서늘한 가슴을 쓸어내리며 결심했어.

"어떻게 생각하냐?"

할아버지의 목소리는 근심이 가득했는데, 아빠는 눈치도 없이 떠들었어.

"아이고, 아버지, 저 무늬, 설마 미스터리 서클이에요? 아버지가 직접 그리셨어요? 요즘 농사 안 짓고 예술 하시나 봐요, 허허허! 짙은 초록으로 된 건 1010? lo lo? 나머지 동그라미들은 무슨 뜻이에요? 저 동그라미 하나의 크기는 얼마나 되나? 아버지, 저 밭 하나의 넓이가 144㎡라고 했죠? 그럼 저 동그라미 하나의 지름이……, 8m? 엄청 크네."

유치원생도 아니고, 원을 동그라미라고 하는 것도 모자라 원의 지름 계산도 틀리면서 말이야. 심각한 상황이었지만 아빠의 엉터리 수학 실력은 참을 수가 없었지.

"아빠, 저 미스터리 서클의 지름은 6m예요."

"어허, 이 녀석이. 지금 그깟 지름 계산이 중요하냐? 이 미스터리한 서클을 누가 그렸는지가 중요하지. 정말 아버지가 그린 거예요?"

할아버지는 굳은 표정으로 고개를 저었어.

"그럼 저게 진짜 미스터리 서클이란 말이에요? 천재야, 너 미스터리 서클이 뭔 줄 아냐? 에, 미스터리 서클은

말이야, 넓은 들이나 밭의 식물이 쓰러져 원과 기하학적 도형(직선, 곡선, 점 등이 만나 만들어지는 추상적인 모양)의 특이한 문양을 나타내는 현상이야. 하룻밤 사이에 생겼다고는 믿을 수 없을 만큼 거대한 문양이지."

아빠는 갑자기 진지한 표정으로 미스터리 서클에 대해 설명했어. 수학 실력이 들통나니까 창피해서 그러는 게 틀림없어. 하지만 미스터리한 상식이라면 바로 이 안천재 님이 전문이지!

"저도 알아요. 세계 최초의 미스터리 서클은 1964년 영국에서 나타났어요. 그 뒤로도 미국, 오스트레일리아, 네덜란드의 밀밭, 보리밭 등 여러 곳에서 이런 문양이 나타났는데, 누가, 왜, 언제 만든 것인지 몰라 미스터리 서클이라고 불러요. 어떤 사람들은

미스터리 서클이 UFO(미확인 비행 물체)가 착륙한 곳이라고도 하고, 어떤 사람들은 외계인이 보내는 신호라고 해요. 또 어떤 사람들은 사람들의 눈길을 끌기 위한 속임수라고 하죠."

"난 속임수에 한 표. 세상에 미스터리 서클이 어딨어? 못된 녀석들이 장난친 거지."

엄마가 말했어. 엄마의 희망을 꺾어서 미안하지만 속임수로 보기에 미스터리 서클은 신기한 점이 많아. 나는 할아버지께 여쭸어.

"사람이 미스터리 서클을 만들었다면 농작물의 줄기가 꺾여 망가져 있어야 해요. 하지만 진짜 미스터리 서클은 농작물이 꺾여 있지 않아요. 우리 옥수수는 어때요?"

할아버지는 굳은 얼굴로 옥수수 줄기를 꺼내 보여 주셨어.

"구부러진 마디가 이상하더라니."

할아버지가 보여 주신 옥수숫대를 보니 진짜 미스터리 서클이 틀림없었어.

"할아버지, 이게 언제 생겼어요?"

"지난주 목요일 아침에 발견했다. 수요일까지는 없었어."

지난주 목요일이면, 내가 미스터리 서클을 그린

〈가짜 미스터리 서클의 식물 가지〉　〈진짜 미스터리 서클의 식물 가지〉

바로 그날이야. 정말로 나, 예언자가 된 거야? 예언자 안천재라……, 생각만 해도 오싹해!

"아버님, 이거 기분 나빠요. 그냥 트랙터로 싹 베어 버리고 잊어버리시면 어때요?"

엄마는 단순 명쾌한 답을 내놓았어.

"잠깐잠깐. 이대로 그냥 쭉 키우면 안 돼요? 미스터리 서클에서 자란 옥수수 맛, 되게 궁금한데! 잘 팔릴 것 같아요. 미스터리 옥수수로 만든 미스터리 팝콘! 공포 영화를 상영하는 영화관에 팔면 딱인데요!"

아빠다운 엉뚱한 상상력이야! 나도 엄마나 아빠처럼

단순할 수 있으면 얼마나 좋을까?

우리는 아무런 해답도 얻지 못한 채 산에서 내려왔어.

할아버지 집에 가는 길에 나는 용비의 집에 들렀어. 미스터리 서클 얘기를 하지 않으면 가슴이 터질 것 같았거든. 내 얘기를 들은 용비는 폴짝폴짝 뛰며 이해할 수 없는 말을 했어.

"정말? 정말 네가 우연히 그린 것과 똑같은 미스터리 서클이었어? 그러니까 영혼의 세계에 발을 들이지 말았어야지. 인간이 영혼의 세계와 가깝게 지내면 미래를 내다보는 예지 능력이 생길 수 있대. 우리 할머니처럼 그런 능력을 감당할 수 있다면 괜찮지만, 너처럼 어리바리한 녀석은 아니라고."

영혼의 세계? 그게 또 뭐야? 아이고, 머리 아파라!

"용비야, 너 지금 무슨 소리를 하는 거야? 난 미스터리 서클에 대해서

얘기하는 중이라고!"

용비는 못 할 말이라도 한 것처럼 제 입을 막았어.

"헤헤, 미안. 요 입이 가끔 제멋대로 굴어서. 난 당분간 여기 있을 거니까 언제든 전화해."

용비는 내 스마트폰에 제 전화번호를 저장하고는 내 어깨를 톡톡 두드렸어. 아군을 만난 것처럼 든든했지.

미스터리 서클에 나타난 원의 지름은?

미스터리 서클에 그려진 원은 모두 10개고, 지름이 모두 같아. 원의 지름을 구하려면, 먼저 옥수수밭의 가로와 세로의 길이를 구해야 해. 옥수수밭은 정사각형이고, 넓이를 알고 있으니까, 정사각형의 넓이 구하는 식을 응용하면 돼.

(정사각형의 넓이)=(한 변의 길이)×(한 변의 길이)
144 (㎡)=12(m)×12(m)

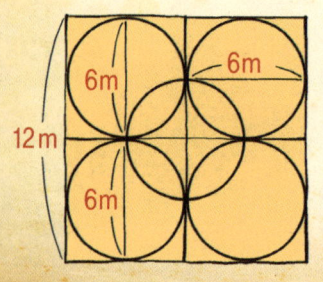

그러므로 옥수수밭의 한 변의 길이는 12 m야.

이 정사각형의 한 변의 길이를 2등분한 것과 원 한 개의 지름의 길이가 같으므로, 원의 지름은 12÷2=6(m)가 되지.

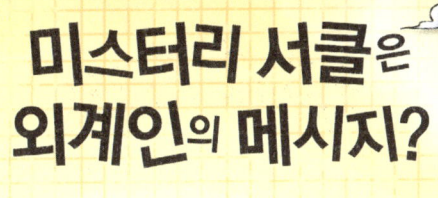

미스터리 서클은 외계인의 메시지?

　미스터리 서클을 두고 사람들은 'UFO가 착륙한 흔적이다', '회오리바람이 만든 문양이다', '지구의 자기력 때문이다'는 등 여러 이야기를 한다.

　2001년 천문학자인 프랭크 드레이크 박사는 미스터리 서클이 외계인의 메시지라고 주장했다. 영국 차일볼튼에 나타난 미스터리 서클이 27년 전 자신이 세계 최대의 전파 망원경을 이용해 외계로 보낸 메시지의 답장이라는 것이다. 박사는 자신이 외계로 보낸 메시지를 공개했는데, 차일볼튼의 미스터리 서클과 박사가 보낸 메시지가 놀랄 만큼 닮았다.

　정말로 미스터리 서클은 외계인의 메시지일까? 일부에서는 엉뚱한 사람들이 관심을 끌기 위해 꾸민 장난이라고 말한다. 실제로 세계 여러 나라에는 미스터리 서클을 몰래 만들고 달아나는 팀들이 있고, 우리나라에 나타났던 미스터리 서클도 몇몇 사람들이 만든 것이었다. 그러나 진짜 미스터리 서클을 누가 만들었는지는 아직도 미스터리이다.

미스터리 서클과
초능력 소년

 으허헉! 잠깐 낮잠을 잤는데 또 악몽을 꿨어. 물귀신이 시퍼런 물속에서 발을 쭉 잡아당겼냐고? 그것보다 10^2배 더 무서웠어. 10^2가 뭐냐고? 같은 수나 문자를 여러 번 곱하는 거듭제곱을 말해. 10^2(십의 제곱)은 10을 두 번 곱하라는 거니까, $10^2 = 10 \times 10 = 100$. 100배 더 무서웠다는 얘기야. 꿈속에서 커다란 원에 삼각형, 사각형이 얽힌 미스터리 서클을 봤거든. 기하학 공포증이라도 있냐고? 그래, 난 **미스터리 서클 공포증**이 있어!
 혼자 있기 무서워서 거실로 뛰쳐나갔어. 엄마는 텔레비전 방송을 보고 있었지.

"피라미드 앞에 나타난 미스터리 서클은……."

텔레비전 화면에서는 피라미드 앞에 나타났다는 미스터리 서클을 크게 보여 주었어. 세상에! 이집트에 나타난 미스터리 서클은 조금 전 내 꿈에 나온 미스터리 서클과 쌍둥이처럼 똑같았어!

"세계 7대 불가사의 중 하나인 쿠푸 왕의 대피라미드 앞에 나타난 미스터리 서클, 외계인이 보낸 메시지일까요, 아니면 엉뚱한 사람들의 장난일까요?"

기자 아저씨는 내게 의미심장한 눈빛을 쏘아 보내며 방송을 끝냈어. 마치 내게 대답을 바라는 듯이…….

"천재야, 네 생각은 어때?"

엄마마저 내게 물었어. 왈각 울음이 터졌어.

"뭐요? 왜요? 다들 나한테 왜 이러는 거예요? 내가 뭘 잘못했다고. 엉엉엉."

엄마는 깜짝 놀라 나를 안아 주었어.

나는 한참 만에 마음을 가라앉히고 미스터리 서클에 대해 털어놓았어. 할아버지의 옥수수밭과 이집트의 미스터리 서클을 미리 보았다고 말이야. 엄마는 심각한 표정으로 내 이야기를 듣고는 물었어.

"그러니까 천재 네가 미래를 내다보기도 하고 예지몽도 꾼다는 거네? 혹시 다른 예언도 맞은 적이 있니?"

"할아버지 집에 갈 거라는 것도 미리 맞췄어요."

"좋아!"

엄마는 환하게 웃더니 갑자기 전화를 했어.

"방송국이죠? 신기한 일을 제보하려고요. 우리 아들이

위로하기는커녕 나를 방송국에 제보했어.

곧 예쁜 리포터 누나가 카메라맨과 함께 우리 집에 들이닥쳤어.

"어머, 네가 **초능력 소년**이니? 정말, 음, 특별하게 생겼네."

리포터 누나는 칭찬인지 아닌지 모를 이야기를 하며 미스터리 서클과 꿈에 대한 질문들을 퍼부었어.

"아, 저기, 전, 그냥, 잘 모르겠는데, 자다가, 수학 문제를 풀다가……."

뭐라고 대답을 하긴 했는데 뭐라고 했는지 잘 기억도 안 나. 내가 똑똑하게 인터뷰를 못하자 엄마가 끼어들었어.

　엄마는 '호호호' 가식적으로 웃으며 내가 어릴 적부터 날씨를 잘 맞췄다는 둥, 무당 할머니 손녀랑 친해서 초능력이 더 세진 것 같다는 둥 말도 안 되는 얘기들을 늘어놓았지.

　그로부터 며칠 뒤, 나는 **초능력 소년**이 되어 방송 프로그램에 나왔어. 텔레비전에 출연해서 좋았냐고? 결코 아니야. 누군가 내 초능력을 검증하러 올까 봐 얼마나 불안했다고.

　실제로 친구들은 그림 카드를 맞혀 봐라, 눈빛으로 인형 뽑기를 성공해 봐라, 여자 친구의 마음을 알아내라며 별 이상한 일들을 시켰어. 사인을 받겠다며 집까지 찾아오는 괴상한 사람들도 있었어. 그때마다 얼마나 심장이 두근두근 뛰었다고.

　외계인처럼 눈만 땡그란 아저씨가 온

날도 그랬어.

현관문을 열고 튀어 나가다가 꼭 외계인처럼 생긴 아저씨와 부딪혔거든.

"아이고, 큰일 날 뻔했네. 조심 좀 해라, 얘야."

아저씨는 나랑 부딪힌 옷자락을 탈탈 털었어. 내가 벼룩이라도 옮길 것처럼 말이야. 이래 봬도 나, 깨끗한 남자예요! 냄새날 때마다 머리도 감는다고요! 기분이 나빠서 눈에 힘을 팍 주고 아저씨를 노려보았어.

"앗! 너는 수수께끼 소년?"

수수께끼 소년이 아니라 초능력 소년인데, 나이 많은 어른들은 종종 단어를 헷갈리더라고. 이 아저씨는 그렇게 늙어 보이지 않은데, 눈이 나쁜가?

"전 초능력 소년이에요."

초능력을 부려 보라고 하면 어쩌나 걱정은 되었지만, 어쨌든 수수께끼 소년은 아니니까.

"그래, 수수께끼 소년. 반갑다, 반가워. 난 J라고 해."

이름까지 이상한 아저씨는 남의 말은 귀담아 듣지 않는

스타일이었어. 어이없게도 내 어깨에 소금을 팍팍 뿌리고 말이야. 내가 고등어로 보이나?

"수수께끼 소년! 우리 별에선 첫 만남에 몸을 부딪치면 친구가 될 수 없어. 하지만 소금을 뿌리면 관계가 상하지 않아. 소금은 신성한 조미료니까. 핫하하!"

J는 분명 한국말을 했는데 무슨 뜻인지 통 알아들을 수 없었어. J가 내민 명함에 적힌 '세계 미스터리 협회'도 뭐 하는 곳인지 알 수 없고. 한마디로 J는 미스터리 그 자체였지. 다른 말로 하자면 수상한 사람 말이야. 수상한 J는 내게 바짝 다가와 말했어.

"수수께끼 소년. 당장 나와 함께 떠나자. 세계 곳곳을 날아다니며 나와 함께 수수께끼를 푸는 거야."

"세계 곳곳이요? 어디 어디요?"

내 꿈이 세계 여행이잖아! 세계 여행을 할 수 있다면 학교를 당장 때려치워도 아니, 잠시 쉬어도 좋아.

"불가사의한 비밀을 품고 있는 곳이라면 어디든지. 수수께끼 소년이 비밀을 풀 수 있는 곳이라면 어디든지."

J의 말은 달콤한 사탕처럼 내 귀에 착착 감겼어. 당장 떠나고 싶어서 발바닥이 간질간질했어.

"좋아요, 얼른 엄마한테 허락받으러 가요."

"허락? 그런 건 필요 없어. 수수께끼 소년, 내 손을 잡아. 어서어서."

불길한 느낌이 팍 들었지만, 설마 별일 없겠지? 여긴 우리 집 앞이고, 내가 소리만 치면 언제든지 힘센 엄마가 달려 나올 테니까. 애써 마음을 달랬지만 꺼림칙한 기분은 사라지지 않았어.

"어서 잡아. 어서어서."

J가 먼저 내 손을 덥석 잡았어. 얼음장처럼 차디찬 손에 잡힌 순간, 발끝부터 머리끝까지 오싹 얼어붙는 것 같았어. 잠시 기억을 잃을 정도였지.

눈을 떠 보니, 나는 절벽 끝에 서 있었어.

J의 손만이 나를 아슬아슬하게 붙들고 있었지.

"뭐예요? 여긴 어디죠? 어떻게 된 일이에요? 날 좀 끌어당겨 줘요."

J는 나를 끌어당기는 대신 다른 손으로 절벽 아래를 가리키며 말했어.

"수수께끼 소년, 내려다봐."

눈동자만 겨우 돌려서 절벽 밑을 내려다보았어. 앗! 저기는 우리 할아버지 밭이잖아? 도대체 왜 우리 할아버지 밭에 온 거지? J는 영문을 몰라 갸웃거리는 나를 계속 다그쳤어.

"수수께끼 소년, 저 미스터리 서클이 무슨 뜻이야? 누가 보낸 메시지지? 당장 말해."

난 몰라. 수수께끼 소년도 아니고 진짜 초능력 소년도 아닌데, 내가 그걸 어떻게 알아? 초록은 옥수수요, 동그란 무늬는 원이라는 것밖에 몰라.

하지만 활활 타오르는 J의 눈빛을 보니, 모르는 것도 아는 척해야 했어. 안 그랬다가는 그 눈빛에 내가 타 버리고 말 것 같았지.

"자세히는 모르겠지만 누가 보냈다면 분명 간절한 메시지겠죠."

"맞아맞아! 나도 그렇게 생각해. 또?"

"원이 모두 10개네요. 짙은 초록색으로 보이는 건 뭘까요? lo lo인가? 아니면 1010인가? 그럼 이진수? 이진수 1010이면 십진수 10인데……. 아, 그럼 이건 10과 관련된 메시지인가 봐요."

내 말의 어느 부분이 감동적이었을까? 차갑던 J의 눈에서 눈물이 뚝뚝 흘렀어.

"10? 지금 너 10이라고 했니? 역시 저 미스터리 서클은 우리 별에서 보낸 날 찾는 메시지가 맞구나! 내 이름은 J. 10번째 알파벳이잖아.

역시 수수께끼 소년, 너는 우리 별에서 보낸 메시지를 알아보는구나. 그동안 내가 숱한 무당, 점쟁이, 예언자 유령들을 다 찾아다녔지만 아무도 이 메시지에 대해 모르더라고! 이제 너를 찾았으니 떠나자. 고향으로! 유령 우주의 멋진 별 J스타0101로!"

J는 그제야 내 손을 끌어당겼어. 휴, 나는 드디어 안심을 했어. 그런데 도대체 J가 말하는 별은 어디고, 유령 우주는 또 뭐람? 평소 국어는 자신 있었는데, J의 한국말을 하나도 알아들을 수 없겠어. 우주와 저승을 넘나드는 기묘한 농담이라도 하는 걸까?

J는 눈을 감고 감정을 듬뿍 실어 시를 읊었어.

수수께끼 소년

피라미드를 세우는 자, 지키는 자, 기다리는 자.
삼각형의 깊고 푸른 우울을 아는 자,
아아, 나스카 나스카, 비밀을 품은 나스카.
보일 듯 흐릴 듯 긴 그림자의 괴물이여!

혹시 나, 미친 시인에게 납치된 가녀린 인질일까? 그렇다면 탈출해야지. 불가사의 탐사고, 해외여행이고 다 필요 없어. 살아서 집으로 돌아가기만 하면 돼.

나는 살금살금 뒷걸음질을 쳤어. 산에서 무사히 내려가기만 하면 할아버지 집으로 냅다 달려야지. 최대한 조심스럽게 발걸음을 내딛었는데, 툭! 그만 나뭇가지를 밟고 말았지 뭐야. J가 눈을 번쩍 떴어.

"안천재, 어디 가는 거야?"

무시하고 달아나야 하는데, J의 목소리에 강력 접착제라도 붙은 듯 그 자리에 우뚝 섰어.

"안천재, 수수께끼 소년! 날 봐."

"싫어요."

난 두 눈을 질끈 감았어.

"수수께끼 소년, 눈을 떠. 어서 내 눈을 봐."

절대로 눈을 뜨지 않으려고 했는데 나도 모르게 눈꺼풀이 점점 벌어지고 말았어. 안 볼 테야, 안 볼 테야, 볼 테야, 보고 있어요, 봤어요, 뚫어지게…….

십진수와 이진수

십진수와 이진수가 무엇인지 알아볼까?

십진수(십진법으로 나타낸 수)
십진법은 자리가 올라갈 때마다 10배씩 커지는 수 표시 방법이다. 십진법에서는 0부터 9까지의 숫자를 사용하여 나타낸다.

이진수(이진법으로 나타낸 수)
이진법은 자리가 올라갈 때마다 2배씩 커지는 수 표시 방법이다. 이진법에서는 0과 1, 두 개의 숫자를 사용하여 나타낸다.

십진수는 이진수로, 이진수는 십진수로 바꿀 수 있어. 여기서는 이진수를 십진수로 만드는 방법을 설명할게.

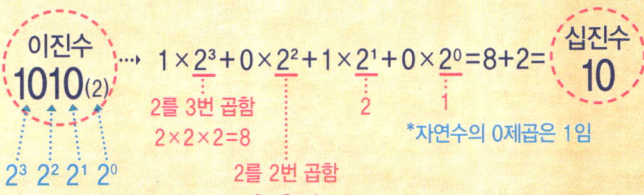

이진수 $1010_{(2)}$ → $1 \times 2^3 + 0 \times 2^2 + 1 \times 2^1 + 0 \times 2^0 = 8 + 2 =$ 십진수 10

$2^3\ 2^2\ 2^1\ 2^0$

2를 3번 곱함
$2 \times 2 \times 2 = 8$

2를 2번 곱함
$2 \times 2 = 4$

*자연수의 0제곱은 1임

이진법으로 나타냈다는 것을 표시하기 위해 '$1010_{(2)}$'라고 쓰고 '이진법으로 나타낸 수 일영일영'이라고 읽어.

SOS! 도와줘,
수학 탐정 유령!

 눈을 마주친 순간, J의 눈동자에서 파란 불꽃이 튀어나와 내 눈으로 들어갔어. 불꽃은 내 머릿속을 뱅뱅 돌며 내 기억과 내 지식과 내 마음을 뒤흔들었어. 머리가 지끈지끈 엄청나게 아파 왔지. 난 고통스러워서 두 손으로 머리통을 꽉 붙잡았어. 한참 동안 내 머릿속을 어지럽게 돌아다니던 불꽃은 내 이마 한가운데로 나와 멈췄어.
 "J 왕자님, 임무를 내려 주십시오."
 내 입에서 낯선 목소리가 들렸어.
 "좋다! 안천재, 내가 누구지?"
 "J 왕자님은 유령 우주의 멋진 별, J스타0101의

왕자이십니다."

 나는 순식간에 왕자님에 대한 정보를 모두 알게 되었어. J 왕자님은 혜성을 타고 유령 우주를 여행하다 지구에 떨어졌는데, 그때의 충격으로 고향 별로 돌아가는 방법을 잊어버렸다지 뭐야.

 그런데 얼마 전에 만난 용한 점쟁이 유령이 J 왕자님이 기억하는 유일한 시, 수수께끼 소년과 지구의 불가사의에 주목하면 고향 별로 돌아갈 수 있다고 말해 주었대.

 J 왕자님은 불가사의한 현상을 찾다가 우리 할아버지 밭의 미스터리 서클을 발견했고, 그 비밀을 풀어 줄

수수께끼 소년인 나도 찾아낸 거지.

나는 J 왕자님을 위해 외계의 메시지를 해석해 줄 특별한 영혼이야. 아, 자랑스러워라! 그런데 한 가지 작은 문제가 있어. 내가 진짜 초능력 소년이 아니라는 거지.

J 왕자님은 그것도 모르고 기대에 부푼 목소리로 내게 물었지.

"수수께끼 소년, 목숨을 바쳐 내게 충성할 거지? 당연히 그래야지."

"네! 왕자님을 위해서라면 우주 끝까지 따라가 충성을 바치겠습니다. 아니, 잠깐만요! 갑자기 머리가 찌릿찌릿 아파요. 저기, 우주 끝은 좀 어렵겠습니다. 인간은 지구를 벗어나서는 살 수 없으니 지구 끝까지 따라……가 충성을 다하겠습니다."

아, 머릿속이 아직도 혼란스러운가 봐. 나도 내 마음을 잘 모르겠네. J 왕자님도 뭔가 이상한지 내 얼굴을 요리조리 뜯어보며 중얼거렸지.

"뭐야, 좀 이상한데? **유령 최면**이 잘 안 걸렸나? 나는 유령 최면계의 1인자 외계 유령 왕자님이시라고! 나처럼 잘생긴 유령 왕자가 실수할 리는 없잖아? 다시 묻겠다. 안천재, 나를 위해서 목숨을 바칠 거지?"

"네! 당연히 목숨을 바칠 수……는 없고요. 제 목숨은 소중하니까요."

"엥? 이건 아니야. 안천재, 내 눈을 좀 봐. 눈을 딱 맞춰."

J 왕자님은 길길이 뛰며 파란 불꽃을 풍풍풍 여러 개 쏘았어. 불꽃은 수정처럼 맑고 순수한 내 눈동자에 반사돼 튕겨 나갔어.

"이상하네. 아, 몰라 몰라 몰라. 하다 보면 되겠지. 예전에도 이런 마음으로 여행을 떠났다가 지구에 불시착했던 것 같긴 한데……. 몰라 몰라. 일단 가자. 따라 와."

J 왕자님은 하늘로 훌쩍 날아올랐어.

나도 어미 닭을 따라가는 병아리처럼 J 왕자님을 따라 졸졸 하늘로 날아오르려 했어. 하지만 몸이 너무 무거웠어.
 "J 왕자님, 제 몸이 너무 무거워서 못 날겠어요."
 "벗어 버려."
 나는 옷을 벗듯 내 몸을 훌훌 벗어 던졌어. 무거운 몸은 땅 위에 벗어 놓고 가벼운 영혼만 하늘로 둥실 떠올랐지.
 "와! 멋져요. 늘 이런 날을 꿈꿨어요. 하늘을 둥실 떠다니며 전 세계를 여행하는 꿈 말이에요."
 한껏 뽐내며 아래를 내려다보았어. 넓은 옥수수밭을 가득 채운 미스터리 서클 옆에 점처럼 콕 찍힌 거추장스러운 내 몸이 보였어.
 "아 참, 소금. 소금을 안 뿌렸네. 큰일 날 뻔했어."
 J 왕자님은 주머니에서 소금 통을 꺼내 밑으로 톡톡 뿌렸어.
 "무슨 일이든 시작하기 전에 소금을 뿌려야 해.

소금이 일이 상하는 것을 막아 주거든!"

소금은 눈처럼 내 몸 위로 솔솔 떨어졌어. 분명 몸과 영혼이 떨어져 있는데, 왜 근질근질한 느낌이 드는 거지? 안 되겠어. 내 몸에 붙은 소금을 털어 내야지.

나는 다시 옥수수밭으로 내려갔어.

용비가 재채기를 하며 내 몸을 흔들고 있었어.

"천재야, 에취. 어떻게 된 거야? 정신 좀 차려 봐. 에취."

나는 공중에 둥둥 뜬 채로 용비를 불렀어.

"용비야, 여기서 뭐 해?"

용비가 깜짝 놀라 나를 올려다봤어.

"천재 너는 여기 누워 있는데, 공중에 떠 있기도 하고……. 너야말로 지금 뭐 하는 거야? 대체 무슨 일을 당했지?"

용비가 공중으로 손을 뻗었어. 나는 재빨리 뒤로 물러났어.

"용비야, 내 걱정은 하지 마. 중요한 임무를 마치면 돌아올 거야."

J 왕자님을 외계의 별로 보내고 나면 집에 돌아올 거야. J스타0101이 마음에 쏙 들지 않는다면! 그런데 벌써부터 알지도 못하는 그 별로 떠나고 싶은 생각이 들긴 해. 용비가

내 생각을 눈치챘을까? 갑자기 할머니에게 기도를 하기 시작했어.

"할머니, 할머니! 도와주세요. 천재가 나쁜 유령에게 끌려가고 있어요. 할머니만이 천재를 도울 수 있어요."

무릎을 꿇고 앉아 중얼거리는 용비의 모습은 용 할머니와 참 닮았어. 앗! 용비 앞에 진짜 용 할머니가 나타났네. 날카로운 눈매와 다정한 미소가 예전 그대로야. 달려가 꼭 안기고 싶었지만 J 왕자님이 질투할까 봐 가까이 다가갈 수 없어. 안타까워라!

"용비야, 천재가 외계에서 온 철없는 유령의 꾐에 빠졌구나. 내가 도와주고 싶다만, 굿을 하다가 유령 꼬리를 다치는 바람에 힘이 없어. 용비 네가 천재의 친구 유령을 불러라. 그 친구가 도와줄 거야. 아주 능력이 많은 유령이란다. 그럼 난 이만 간다."

용 할머니가 사라지려는 순간, 용비는 재빨리 할머니를 불렀어.

"할머니, 무당은 할머니잖아요. 할머니가 천재 친구 유령을 불러 주셔야죠."

"맞다. 깜빡했어. 늙으면 자꾸 깜빡깜빡한다니까. 천재 친구 유령 나와라, 뽕!"

용 할머니는
바람 빠진 풍선처럼
하늘에 뚫린
작은 구멍 속으로
사라졌어.
다음 순간, 그 구멍
속에서 뾰옹 하고 다른
유령이 부풀어 올랐어.
탐정 유령 마방진이었어.
유령 중에서 나랑 가까운
친구 말이야.
아니, 아냐. 나랑 가장
가까운 유령은 J 왕자님
아닌가? 아유, 왜 이렇게
혼란스럽지? 더 헷갈릴
수는 없어.
　　나는 고개를 절레절레
흔들며 J 왕자님을
쫓아갔어.
　　　　오동통한 탐정

유령은 구름 아래에서 고래고래 떠들었어.

"뭐? 천재가 외계에서 온 유령과 떠났다고? 몸은 벗어 두고 영혼만? 안 돼! 까딱 잘못했다가 천재의 영혼이 외계로 떠나면 영영 돌아올 수 없어. 당장 가서 구해 올게. 용비 너도 간다고? 하지만 인간의 몸으로는 함께 갈 수 없어. 너도 몸은 두고 영혼만 따라온다고? 그건 너무 위험해."

"그래도 갈래요. 천재를 구하러 갈 거예요."

용비가 고집을 부렸어. 아무리 탐정 유령이 무섭게 겁을 줘도 용비의 고집을 꺾을 수 없을걸! 탐정 유령도 그 사실을 알았는지 용비가 원하는 대로 해 주려나 봐.

"어휴, 할 수 없지. 그럼 내 눈을 보며 이 문제를 풀어 봐. 정답을 맞혀야 몸과 영혼을 분리하는 주문이 통해."

인간의 몸과 영혼을 분리시키는 데 유령 에너지 20포인트가 필요하다. 인간의 수를 ★, 유령 에너지를 ●라고 할 때 ★와 ● 사이의 대응 관계를 식으로 나타내라.

하필이면 수학 주문이었어. 용비는 수학을 정말정말 못하는데……. 1학년이 되어서야 '10'과 '열'이 같다는 걸 알았으니, 말 다했지?

용비의 대답을 기다리며 나도 모르게 탐정 유령의 문제를 풀고 있었어. 인간 한 명의 몸과 영혼을 분리하려면 유령 에너지 20포인트가 필요하고, 두 명의 몸과 영혼을 분리하는데, 20×2=40, 유령 에너지 40포인트가 필요하니까, 이것을 식으로 나타내면…….

내가 머릿속으로 정답을 떠올린 순간, 용비의 입에서 정답이 술술 나왔어! 용비랑 나랑 텔레파시가 통했나?

"정답. 좋아. 이제 네 몸과 영혼이 분리될 거야. 너와 천재의 몸은 할머니 집 안에 잘 숨겨 놓고 빨리 천재를 구해 오자. 자, 출발이다. 천재를 납치한 놈의 정체를 꼭 밝히고 말 테다!"

탐정 유령과 용비가 날아올랐어. 날 쫓아오기 전에 얼른 달아나야지. 휘잉.

탐정 유령의 주문 풀기

인간의 몸과 영혼을 분리시키는 데 유령 에너지 20포인트가 필요하다. 인간의 수를 ★, 유령 에너지를 ● 라고 할 때 ★와 ● 사이의 대응 관계를 식으로 나타내라.

문제를 읽어 보면, 인간 1명이 늘어날 때마다 유령 에너지는 20포인트씩 늘어난다는 규칙을 찾을 수 있어. 이것을 대응표로 나타내 볼까?

인간의 수(명)	1	2	3	4	5	……
유령 에너지(포인트)	20	40	60	80	100	……

인간의 수(★)가 1명씩 늘어날 때마다 유령 에너지(●)는 20씩 늘어난다는 거야. 그러니까 유령 에너지(●)의 수는 인간의 수(★)의 20배야.
이것을 식으로 나타내면 ●=★×20이지.
인간의 수(★)는 유령에너지(●)를 20으로 나눈 몫과 같아. 이것을 식으로 나타내면 ★=●÷20이야.
즉, 문제의 답은 ●=★×20 또는 ★=●÷20이야.

불가사의한
피라미드의 비밀

　세계에서 가장 빠른 비행기 블랙버드는 소리보다 3배나 빨라. 블랙버드는 시속 3,530km, 소리는 시속 1,224km거든. 유령 비행은 얼마나 빠르게? 블랙버드보다 10배는 빠른 것 같아. 상상이 안 되지? 예전에 난 블랙버드를 꼭 타 보고 싶었어. 하지만 영혼의 비행 속도를 느낀 지금은 블랙버드야, 너 우습구나. 하하하!
　우리는 이집트의 피라미드 중 가장 큰 쿠푸 왕의 대피라미드로 날아갔어. 그곳에 나타난 미스터리 서클이 J 왕자님에게 보내는 외계의 메시지일지도 모른대. 아! 피라미드의 미스터리 서클이 진짜 외계의 메시지면 얼마나

좋을까? 왕자님이 고향으로 돌아갈 수 있잖아. 하지만 진짜 외계의 메시지라면 어쩌지? 미스터리 서클이 왕자님이 고향에 돌아갈 방법을 아무리 친절하게 알려 주어도 난 그 의미를 설명해 줄 수 없잖아. 그럼 왕자님은 메시지를 눈앞에 두고도 고향 별로 못 돌아갈 거야!

내 마음속은 무거운 돌을 얹은 듯 답답했어. 하지만 내 몸은 바람보다 가볍게 날아 사하라 사막에 도착했지. 누런 모래가 바람에 폴폴 날아다니는 진짜 사막에 정사각뿔 모양의 **피라미드 세 개**가 위풍당당하게 서 있었어. **이집트의 왕 파라오의 무덤인 피라미드야.** 가장 큰 피라미드가 쿠푸 왕의 대피라미드, 비스듬한 방향으로 아들 카프레 왕, 손자 멘카우레 왕의 피라미드야.

땅에 내려와 보니 쿠푸 왕의 대피라미드는 어마어마하게 웅장했어. 피라미드를 쌓은 돌 하나가 내 키만 하더라니까. 인간이 얼마나 작고도 위대한 존재인지 저절로 머리가 숙여졌지.

"J 왕자님, 정말 굉장하죠. 기원전 2500년 전이면 완전 옛날인데, 중장비도 없이 사람 손으로 이렇게 큰 무덤을 만들었다니요. 10만 명이나 되는 사람들이 10년인가 20년 동안 만들었다죠? 일꾼들에게 힘내라고 마늘이랑 양파를 엄청 먹였대요. 우리, 열심히 일한 그들에게 박수 쳐 줘요."
 짝짝짝. 박수는 썰렁하게도 나 혼자 쳤어. J 왕자님은 얼굴까지 시뻘게져서 펄쩍 뛰었거든.
 "아니야. 피라미드는 사람이 만든 게 아니야."
 엥? 그럼 저 큰 건축물이 하늘에서 뚝 떨어지기라도 했나?

"대피라미드는 우리 조상인 외계인이 만든 거야. 기원전 1만 년 전쯤, 뛰어난 문명을 이룬 외계 조상들이 지구에 왔다가 피라미드를 만들었어. 정말 위대하지? 위대한 조상을 뒀으니 나도 꽤 위대하지!"

J 왕자님은 논리적이지도 않고, 지구의 상식과도 전혀 맞지 않은 말을 했어. 미라라도 깨워 피라미드의 비밀을 물어볼까 보다. 아니야, 퀭한 눈의 미라가 붕대를 너덜거리며 돌아다니는 것보다 궁금한 채로 있는 게 낫겠다!

"근데 미스터리 서클은 어디 있지? 얼른 찾아서 얼른 해석하자. 알았지, 수수께끼 소년?"

J 왕자님은 눈을 반짝반짝 빛내며 거대한 피라미드 옆으로 날아갔어. 하지만 곧 잔뜩 실망한 표정으로 돌아왔지.

"이상해. 피라미드의 삼면을 둘러봤는데 미스터리 서클이 없어. 삼면을 샅샅이 살폈는데……, 어디 간 거지?"

"피라미드의 삼면만 봤다고요? 그럼 나머지 한 면은요?"

J 왕자님의 입이 떡 벌어지면서 눈동자가 빠르게 흔들렸어. 이해할 수 없는 수학 문제를 만난 주리처럼 말이야. 나는 친절하게 설명을 해 줬어.

"피라미드는 사각뿔이니까 옆면이 4개 있거든요."
"엥? 피라미드는 삼각뿔 아니었어?"

J 왕자님이 깜짝 놀라 물었어. 얼굴은 파리해지고 눈은 퀭해졌지. 순식간에 10년은 늙은 것 같았어. 정말로 왕자님은 **수학 공포증**이 있는 것 같아.

나는 J 왕자님의 손을 잡고 피라미드에 4개의 옆면이 있다는 것을 확인시켜 주었어. 어느 곳에도 미스터리 서클은 없었어.

문득 이곳에 있을 미스터리 서클은 할아버지 밭에 있던 것과 전혀 다르겠다는 생각이 들었어. 여긴 식물이 자랄 수 없는 사막이니까, 이곳에 나타난 미스터리 서클은 모래 위에 그린 그림이었을 거야. 어쩌면 모래바람에 사라졌을지 몰라.

"J 왕자님, 미스터리 서클이 모래바람에 지워졌나 봐요. 우리, 피라미드 안으로 들어가 봐요. 외계 문자나 그림 같은 게 있을지 몰라요."

"좋은 생각이야. 어서 들어가 봐."

J 왕자님이 내 어깨를 떠밀었어.

"저 혼자 가요?"

"당연하지. **난 피라미드의 저주가 무서워.** 넌 한낱

인간 어린이라 괜찮지만 난 왕자야. 우리 별에서 나를 간절하게 기다릴 백성들을 생각해서라도 피라미드의 저주를 절대 피해야 해. 그거 소금으로도 막을 수 없는 강력한 거 맞지?"

세상에 피라미드의 저주 같은 게 어딨어? 순 미신이라고! 정말로 피라미드의 저주가 있다면 그 많은 관광객은 어쩌라고! 우리 선생님만 해도 대학 때 배낭여행으로 이집트에 가서 피라미드에 들어가 봤다고 자랑했는데, 저주는커녕 예쁜 부인을 만나 행복하게 잘 살고 계시지.

"왕자님, 저주는 미신일 뿐이에요."

"그래! 미신. 너도 알지? 미신은 지구에서 가장 위대한 신이잖아."

설마 농담이겠지? 왕자님의 유머 감각은 정말 독특해. 몸 개그는 또 어떻고. 자기 몸을 푹 절이려는 듯, 틈만 나면 소금을 뿌려 대고 있잖아.

어쩔 수 없이 나오는 한숨을 꾹 참으며 나는 바지 주머니에 손을 넣었어. 작게 접은 쪽지가 만져졌어. 피라미드 앞에 나타났던 미스터리 서클을 그려 둔 쪽지야. 뜻을 풀 수 없어서 아직 왕자님께 보여 주지 않은 거야.

"수수께끼 소년, 어서 피라미드 안으로 들어가."

왕자님의 재촉에 피라미드로 들어가는 좁은 입구로 얼굴을 쑥 들이밀었어. 뿌연 먼지가 내 얼굴을 덮쳤어. 재채기와 기침에, 콧물까지 나와 정신을 차릴 수 없었지. 나는 팔뚝으로 콧물을 훔치며 눈을 부릅떴어. 앗!

눈앞에 어른거리는 이 더러운 리본은 뭘까? 꼬질꼬질하고 나달나달한 것이 꼭 수천 년 된 미라한테서 풀린 붕대 같네.

꺅! 정체불명의 리본은 정말 **미라 유령**한테서 흘러나온 붕대였어.

"인간 영혼이다, 끼끼끼끼."

"잡아서 미라로 만들자, 끼끼끼끼."

"머리부터 먹을까, 다리부터 먹을까? 끼끼끼끼."

미라 유령들은 끔찍한 농담을 경쾌하게 주고받으며 붕대를 펄럭거렸어. 그때마다 곰팡내 나는 먼지들이 폴폴 흩날렸고. 진짜 피라미드의 저주가 따로 없었지.

"살려 줘요, J 왕자님!"
나는 꽁무니가 빠져라 도망쳤어. 미라 유령들도 만만치 않았어.
"잡아라. 끼끼끼끼끼."
"놓칠 줄 알아? 끼끼끼."
미라 유령들은 미친 듯이 웃어 대며 붕대가 풀린 팔을 휘저었어. 온 힘을 다해 달아났지만 미라 유령이 더 빨랐어. 거의 출구에 다다랐을 때, 미라의 손에 내 발목이 턱 붙잡히고 말았지. 붙잡힌 발목이 불에 타는 듯

뜨겁게 달아올랐어.

"으허헉. 놔, 놔줘. 놔 달라고!"

두 발을 탈탈 털고, 팔과 엉덩이와 어깨까지, 움직일 수 있는 몸은 다 움직이며 몸부림을 쳤어. 미친 듯이 몸을 흔들었지. 그러자 바지 주머니에 있던 종이쪽지가 빠져나오고 말았어. 미스터리 서클을 그린 종이쪽지는 바람결에 날아 미라 유령의 이마에 턱 붙었어.

"아악, 끼끽."

순간 미라 유령의 몸이 머리부터 잘게 부스러져 먼지로

변했어. 미라 먼지를 맞은 다른 미라 유령들도 먼지가 되어 사막의 모래바람 속으로 사라졌어. 피라미드 앞에 나타난 미스터리 서클은 외계의 메시지가 아니라 미라 유령을 쫓는 부적이었나 봐. 나는 피라미드 밖에서 기다리는 J 왕자님께 달려 나가면서 도대체 뭐라고 해야 할지 몰라 걱정했어.

"뭐야? 왜 미라가 쫓아온 거야? 무서워서 혼났잖아. 무서운 미라가 없는 우리 별로 빨리 돌아가고 싶어. 뭔가 찾았어?"

"아니요."

왕자님의 기대에 반짝이는 눈을 보면서 고개를 젓는 내 마음은 몹시 괴로웠어.

"역시, 여기가 아닌 것 같았어. 처음부터 쉽게 정답을 가르쳐 줄 리 없지. 수수께끼 소년이란 시 말이야. 그렇게 친절하진 않을 거야."

J 왕자님은 메마른 사막의 하늘을 휙휙 날며 중얼거렸어.

고민하는 왕자님을 보니 모든 것을 솔직하게 털어놓아야 할 것 같았어.

"저기, J 왕자님. 사실 전 피라미드의 미스터리 서클의 의미를 몰……."

"좋아. '수수께끼 소년' 시를 다시 살펴보자. '피라미드를 세우는 자, 지키는 자, 기다리는 자'는 알 수 없으니 두 번째 행인 '삼각형의 깊고 푸른 우울을 아는 자'를 찾아보자. **깊고 푸른 삼각형**에 분명히 무슨 비밀이 들어 있을 거야. 가자, 수수께끼 소년. 출발."

J 왕자님은 내 말을 끝까지 듣지도 않고 쌩하니 날아갔어. 나도 로켓 추진 비행기라도 되는 듯 따라서 솟아올랐어. 그런데 나를 향해 열심히 날아오는 무리가 또 있지 뭐야. 탐정 유령과 용비였어.

둘은 손을 꼭 잡고 바람을 가르며 날아오고 있었어.

"천재야, 돌아와."

"천재야, J의 말을 믿으면 안 돼. 날 믿어, 내 친구

천재야."

 탐정 유령과 용비는 목이 터져라 내 이름을 불러 댔어. 이러다 유령 세계의 유령들이 다 내 이름을 알게 되겠네!

 "둘 다 돌아가. 내겐 중요한 임무가 있어. 집에 가서 기다리라고!"

 친구들에게 힘차게 손을 흔들어 준 뒤 재빨리 날아갔어. 친구들이 날 쫓아오느라 헛고생을 하지 않도록 날쌔게 따돌려야지! 슝슝슝 슈슈슝!

이집트의 피라미드는 사각뿔

쿠푸 왕의 피라미드는 사각뿔이야. 사각뿔은 면의 개수가 5개야. 삼각형 모양의 옆면이 4개, 사각형 모양의 밑면이 하나 있는 오면체지. 사각뿔 중 밑면이 정사각형이고 옆면이 모두 똑같은 도형인 각뿔을 정사각뿔이라고 해. 사각뿔의 모서리는 8개, 꼭짓점은 5개야.

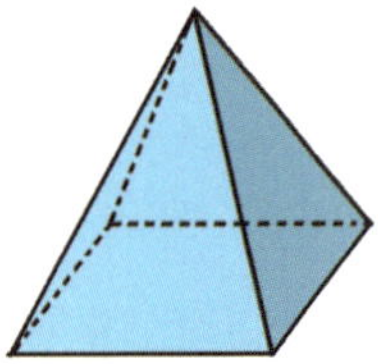

사각뿔

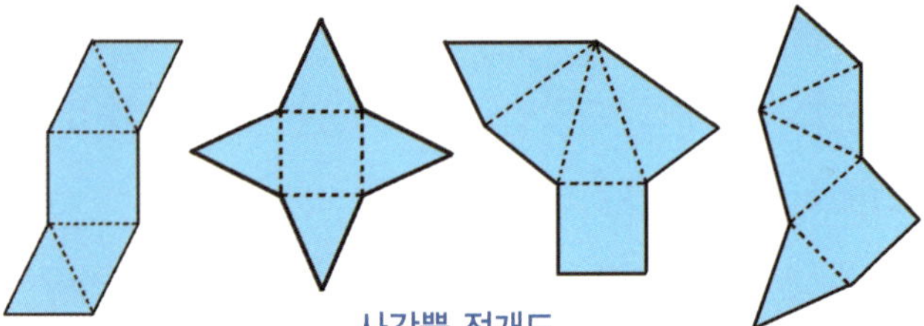

사각뿔 전개도

피라미드에 숨겨진 수학 미스터리

쿠푸 왕의 대피라미드는 사람의 힘으로 만들었다고 하기에는 너무나 거대한 사각뿔이다. 피라미드의 수치는 '로얄큐빗'이라는 단위로 적는데, 대피라미드의 높이는 280로얄큐빗, 밑면인 정사각형의 한 변의 길이는 440로얄큐빗이다. 1로얄큐빗은 약 0.524m이므로 피라미드의 규모를 미터로 계산해 보면 밑면의 둘레는 약 922m(440×4×0.524), 높이는 약 147m(280×0.524)로 50층 건물보다 더 거대하다.

이 거대 피라미드는 무척 안정적이고 아름답다. 그 이유는 황금비가 숨겨져 있기 때문이다. 피라미드의 옆면인 삼각형의 높이는 356로얄큐빗, 밑면인 정사각형 한 변의 길이의 $\frac{1}{2}$은 220로얄큐빗인데, 이 둘의 비를 구하면 220:356=1:1.618이다. 바로 인간이 가장 아름답다고 여기는 비율인 황금비(1:1.618)를 이룬다.

죽음의 바다
버뮤다 삼각 지대

 J 왕자님과 나는 대서양의 시퍼런 바다 위를 날았어. 왕자님의 대머리에 곱게 난 한 가닥 머리카락이 안테나처럼 바짝 서서 외계로 가는 통로를 찾는 중이래. 사실은 헤매는 것 같았지만 말이야.
 "이상해. 위대한 외계 유령, J스타1010별의 J 왕자가 방향을 잃을 순 없어. 어디선가 강한 방해파가 나오는 것 같아."
 "방해파요? 바다 한가운데 그런 게 어딨어요? 여기가 뭐 버뮤다 삼각 지대인가요?"
 분위기를 띄우려고 농담으로 가볍게 대꾸해 줬어.

난 유머 있는 영혼이니까.

"맞아. 여기가 버뮤다 삼각 지대야."

으악! 어서 빨리 **죽음의 삼각형** 바깥으로 달아나야 해. 버뮤다 삼각 지대가 나를 시퍼런 바닷속으로 끌어들이기 전에 말이야.

버뮤다 삼각 지대는 미국 마이애미와 북대서양의 버뮤다 제도 그리고 푸에르토리코를 삼각형 모양으로 잇는 바다야. 이 끔찍한 바다에서는 원인을 알 수 없는 실종 사건이 끊임없이 일어났어. 유조선, 화물선, 요트, 어선, 핵 잠수함 등 크고 작은 배는 물론이고 여객기, 수송기, 정찰기 등 버뮤다 삼각 지대 위를 날던 비행기까지 이 바다 삼각형에 들어가기만 하면 감쪽같이 사라졌지.

더 미스터리한 일은 버뮤다 삼각 지대에서 실종된 배와 비행기의 몸체에서 떨어진 조각들이 하나도 발견되지 않은 거야. 그뿐만이 아니라, 그 안에 타고 있던 사람들의 시신도 전혀 발견되지 않았지. J 왕자님께 이 끔찍한 사실을 알려 줘야 해.

"J 왕자님, 버뮤다 삼각 지대는 아주 위험한 죽음의 바다예요. 대서양의 블랙홀이라고요. 저기 빠지면 평생을 물귀신으로 살게 될걸요."

"나도 알아. 저 바다는 **블랙홀**이 분명해. 난 블랙홀은 다른 차원이나 다른 세상으로 가는 통로라고 생각해. 저 안에 들어가면 외계로 가는 방법을 알 수 있을 거야. 삼각형의 깊고 푸른 우울을 아는 자가 가르쳐 주겠지. 내 생각이 어때, 수수께끼 소년? 훌륭하지? 감탄했지? 난 위대한 외계인의 후손이니까. 핫핫하!"

 J 왕자님의 정신 세계는 도저히 따라갈 수 없구나! 하지만 내 몸은 J 왕자님을 따라가고 있었어.
 우리는 두 손을 꼭 잡고 죽음의 삼각형 위로 날아갔어. 곧 강렬한 공기 터널이 우리를 버뮤다 삼각 지대로 끌고 들어가겠지? 눈을 꼭 감고 운명에 내 몸을 맡겼어.
 음……. 그런데 아무 일도 일어나지 않았어.

"왜 아무 일도 없지? 수수께끼 소년, 뭐 아는 거 없어?"

난 수수께끼 소년이 아니야. 초능력이라고는 개미 눈물만큼도 없는 초능력 소년이지.

아는 게 없다고 털어놓을 수도 없어서 온갖 지식을 짜내어 왕자님에게 거짓으로 답하는 안타까운 영혼 말이야!

"J 왕자님, 저기, 제일 시퍼런 바다 쪽으로 날아가 볼까요? 유난히 퍼런 게, 저기가 블루홀일지도 모르니까요."

블루홀은 바닷속에 있는 수심이 100m 넘는 깊은 구멍이야. 아주 신비롭고 아름답고 오싹한 곳이래. 세계 각지에서 몰려든 수많은 다이버들이 블루홀에서 다이빙을 하다 죽음에 이르렀거든.

더욱 미스터리한 사실은, 블루홀에 빠진 다이버들의

시신을 찾을 수 없었다는 거야. 버뮤다 삼각 지대에 빠진 배와 비행기처럼. 버뮤다 삼각 지대 안에 있는 블루홀이야말로 J 왕자님의 별로 가는 은밀한 통로일지도 몰라.

우리는 버뮤다 삼각 지대에서 가장 깊고 시퍼런 바다 위로 날아갔어. **휘몰아치는 폭풍, 강력한 자기장, 외계인의 우주선, 물귀신의 축축한 손…….** 뭐라도 우리를 끌어당길 줄 알았는데, 아무 일도 없었어. J 왕자님은 공중에 둥둥 뜬 채로 발을 동동 굴렀어.

"버뮤다 삼각 지대가 뭐 이래? 날아가는 비행기도 뚝 떨어뜨린다며 우리는 왜 안 떨어지는 거야? 안 되겠다. 그냥 풍덩 빠지자."

"잠깐만요. 좀 기다려 봐요."

버뮤다 삼각 지대는 대한민국보다 약 40배나 더 커. 대충이라도 떨어질 지점을 정하지 않으면 괜히 차가운 바닷물만 뒤집어쓴다고!

나는 출렁이는 시퍼런 바다를 뚫어지게 쳐다보았어. 눈빛으로는 이미 바다를 삼각형 모양으로 잘라 내고도 남았어. 그 삼각형을 들고 가장 강력한 기운이 나올 만한 곳이 어딜까? 혹시……, 무게 중심?

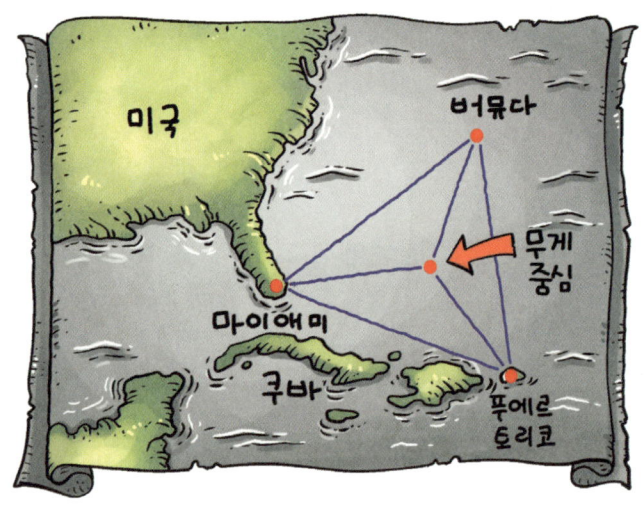

"버뮤다 삼각형의 무게 중심으로 날아가 보면 어때요?"

J 왕자님의 초롱초롱한 눈망울이 또 퀭해졌어. 수학 공포증이 또 도졌나 봐.

"저기가 버뮤다 삼각형의 무게 중심이에요."

중심으로 날아갔다고 생각한 순간, 거센 바람이 우리를 끌어당겼어.

첨벙! 우리는 깊은 바닷속으로 한없이 빠져들었어. 나는 두 손을 허우적거리다 단단한 기둥을 붙잡았어. 침몰한 배의 기둥이었어.

주위에는 온통 침몰한 배와 비행기들이 바로 어제 잠긴

듯 온전한 모습으로 잠자고 있었어. 그 사이로 들리는 흐릿한 목소리…….

"흐흐흐, 사람이다!"

소리가 나는 곳을 향해 돌아보니 눈이 퀭한 해골 유령들이 나란히 서 있었어. 커다란 눈구멍으로 바닷물이 들락날락…….

"으악!"

너무 놀라서 배를 붙잡았던 손을 놓치고 말았어. 몸이 또 밑으로 쑥 빠졌어.

"으악! 구해 줘. 살려 줘요!"

더 깊은 바닷속으로 빨려 들어가는 순간, 다행히 누군가 내 팔을 잡아 주었어. 정말 다행일까? 이 깊은 바닷속에 나를 구해 줄 사람이 어디 있을까? 유령이라면 모를까.

"어서 나를 잡아. 거긴 죽음의 구덩이야. 해저에 덩어리진 메테인 가스가 묻혀 있는데, 거기서 거품이 부글부글 올라오거든.

우리는 그걸 죽음의 거품이라고 불러."

정말로 해골 모습을 한 소년 유령이었어. 살아남으려면 이런 유령이라도 붙잡고 나가야겠지?

어쩔 수 없이 나는 해골 소년의 뼈다귀만 앙상한 손을 꼭 잡았어. 턱, 턱, 턱, 다른 해골 유령도 뼈만 앙상한 손으로 J 왕자님을 붙잡아 주었지.

짙은 바닷물 때문에 잘 보이진 않겠지만 내 눈에서는 눈물이 줄줄 흘러내리고 있었어. 너무 무서워서…….

"사람은 정말 오랜만이야. 흐흐."

해골 소년이 턱을 달각거리며 웃었어.

"고마워. 허허."

나도 어색하게 웃었어. J 왕자님이 불쑥 물었어.

"이봐, 해골들, 아니 물귀신인가?"

아무리 왕자님이지만 첫 만남에 너무 무례했어. 나는 당황해서 얼굴이 하얗게 질렸어. 다행히 해골 유령은 보기보다 성격이 시원시원했어.

"해골, 유령, 물귀신, 뭐든지 상관없어. 편하게 불러, 대머리!"

"알았어, 해골. 여기 버뮤다 삼각 지대에는 왜 배나 비행기가 침몰하는 거야? 다른 세계로 가는 통로가 있어서

그렇지?"

"우리도 잘 몰라. 해저에 묻힌 메테인 가스가 지상으로 올라가 배나 비행기를 고장 낸다는 얘기도 있고, 20~25년마다 지구의 자기장이 바뀌며 일어나는 현상이라고도 하고, 외계인의 짓이라는 사람들도 있어. UFO가 오는 길이라는 거지."

J 왕자님은 해골 유령의 손을 덥석 잡았어.

"맞아, 내가 찾는 게 바로 **UFO와 외계인**이야. 외계인을 봤어? 우리 우주선은 어딨어?"

"못 봤는데. 진짜 외계인이 있긴 해? 난 여기 300년이나 있었는데, 외계인이나 UFO는 한 번도 못 봤어."

"왜 없어? 내가 외계 유령인데. 응? 이렇게 멋지게 생긴 외계인 못 봤어? 응? 응?"

발을 동동 구르는 J 왕자님의 한 가닥 머리카락이 쭈뼛 섰어. 내 머리카락도 진공청소기에 끌려 들어가는 것처럼 쭈뼛 솟아올랐지. 몸까지 위로 쑥 올라갔어. 내 곁에 있던 해골 유령들의 몸도 하늘로 솟구쳤어.

도대체 하늘에서 무슨 일이 일어난 거야? 강력한 유령 진공청소기라도 나타나 우리 몸을 빨아들이는 건가? 아! 위에서 빨아들이는 힘이 너무 세서 머리카락이 몽땅

뽑힐 것 같아. 난 J 왕자님을 존경하지만, 왕자님처럼 대머리가 되고 싶진 않다고! 내 소중한 뽀글뽀글 곱슬머리를 지켜 줘!

삼각형의 무게 중심은?

무게 중심은 물체가 수평을 이뤄 쓰러지지 않게 받칠 수 있는 한 점이야.
무게 중심만 잘 찾으면 삼각형을 뾰족한 연필심 위에 수평으로 세울 수 있어.

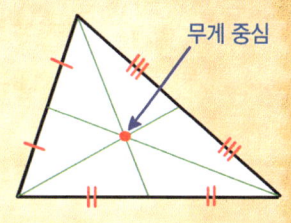

삼각형의 무게 중심은 삼각형의 세 중선이 만나는 점이야. 중선은 삼각형의 한 꼭짓점과 그 대변(마주 보는 변)의 중점을 이은 선분이야. 중선은 삼각형의 넓이를 정확히 반으로 나누지. 삼각형의 무게 중심은 종이접기로도 찾아낼 수 있어.

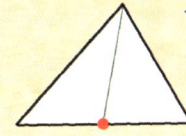

① 한 변을 반으로 접었다 편다.
② 변의 한가운데에 중심점을 표시한다.
③ 중심점과 대응하는 꼭짓점을 잇는 중선을 그린다.
④ 다른 두 변도 이와 같은 방법으로 중선을 그린다.

해골 유령을 유령 세계로 보내는 주문

"천재야, 괜찮아?"

용비가 쏜살같이 날아와 내 팔목을 덥석 잡았어.

그 순간 탐정 유령이 대롱에서 입을 떼고 숨을 내뱉었어. 부풀었던 탐정 유령의 몸이 쪼그라들었고, 하늘로 끌려 나온 유령들은 다시 바다로 텀벙 떨어졌지. 용비가 붙들어 준 나만 빼고.

"천재야, 이제 집에 가자."

용비의 손이 무척 따뜻해서일까? 정말로 집에 가고 싶었어. 하지만 내 입에서는 마음과 다른 말이 튀어나왔지.

"안 돼. 난 J 왕자님을 고향 별로 보내 드려야 해."

탐정 유령이 내 머리 위로 날아와 잔소리를 퍼부었어.
"널 구하려다 숨 막혀 죽을 뻔했는데 뭐라고? 네 생명의 은인인 우리의 말을 들어."
"미안해요. 난 할 일이 있어요."
용비에게 잡힌 오른팔을 뿌리치려 했지만 용비의 힘이 너무 세서 뿌리칠 수 없었어. 어떡하나 고민하고 있는데, 차가운 손이 내 왼팔을 덥석 잡았어.
"뭐야? 둘이 똑같이 생겼네. 누가 진짜야?"
나도 모르게 손을 번쩍 들었어.
"좋아! 진짜 수수께끼 소년. 내 눈을 봐. 아직 임무가 끝나지 않았다."
J 왕자님의 눈을 쳐다보자 다시 충성심이 불타올랐어.
"나. J 왕자님을 따라가겠어."
이마의 푸른 점이 화르르 타오르며 불끈 힘이 솟았어.
나는 용비를 거칠게 뿌리쳤어.
그러자 탐정 유령이 내 허리를 잡고 늘어졌어.
"천재야, 정신 차려. 이 형이 J인지 K인지 하는 나쁜 유령을 물리치고 널 꼭

구해 줄게. 이 나쁜 유령아, 감히 우리 천재를 망쳐 놓다니! 널 유령 세계로 확 던져 버리겠어. 다시는 인간 세상에 못 나오게 할 테야."

"할 테면 해 봐, 뚱뚱보."

"내가 못할 줄 알아, 대머리? 나는 어떤 유령이라도 유령 세계로 보낼 수 있는 탐정 유령이야. 수천 년이나 구천(땅속 깊은 밑바닥)을 떠돌던 처녀 귀신, 괴물 귀신, 요괴들을 체포하고, 설득하고, 꼬여 내고, 속여서라도 유령 세계로 보낸다고. 어린애를 꼬여 내는 너처럼 못된 유령은 유령 감옥에 확 가둬 버릴 테야."

탐정 유령과 J 왕자님이 악당 같은 말을 주고받는 동안 바닷속 해골 유령들이 다시 하늘로 떠올라 물을 뚝뚝 흘리며 우리를 둘러쌌어.

"어떤 유령이든? 그렇다면 우리도 유령 세계로 보내 줘."

"우린 너무 춥고 배고파. 눕고 싶어."

"더 이상 차가운 바닷속을 떠돌기 싫어."

해골 유령들은 점점 가까이 다가왔어. 차가운 숨결에 우리 몸이 꽁꽁 얼 지경이었지.

"알겠어. 해골 유령들, 일단 기다려. 내 친구 천재 문제부터 해결하고."

탐정 유령이 말했지만 해골 유령들은 막무가내였어.
"우린 너무 오래 기다렸어. 더는 못 기다려."
"당장 유령 세계의 문을 열어 줘."
해골 유령들은 몹시 지치고 피곤해 보였어. 용비도 그렇게 생각했는지 해골 유령 편을 들었어.
"맞아요, 탐정 유령님. 저 유령들은 너무 오랫동안 차가운 바다를 떠돌았어요. 저들 먼저 유령 세계로 보내 줘요."
탐정 유령은 펄쩍 뛰었어.
"저 많은 유령을 유령 세계로 보내려면 에너지가 얼마나 많이 드는 줄 알아? 까딱 잘못했다가는 천재도 못 구하고 내가 먼저 쓰러진다고."
"탐정 유령님은 할 수 있어요. 위급한 유령들을 도와주려고 탐정이 된 거잖아요."
탐정 유령과 용비가 다투는 동안 J 왕자님과 나는 밑으로 몸을 쑥 빼서 해골 유령들의 포위에서 빠져나갔지.
"쟤네는 싸우게 놔두고 우린 가자. 다음엔 어디로 가냐면, '수수께끼 소년' 시에……."
J 왕자님의 말을 듣는 척했지만 내 귀는 탐정 유령과 용비 목소리에 귀를 쫑긋 세우고 있었어. 용비가 계속해서 탐정 유령을 설득하고 있었거든.

"탐정 유령님, 억울한 영혼들을 버리면 벌 받아요. 자꾸 그러면 저 혼자라도 해골 유령들을 도울 거예요. 우리 할머니를 불러서요."

"쳇! 용 할머니는 너무 멀어서 여기 오지도 못할걸!"

"제가 저 유령들을 데리고 우리나라로 가면 되죠."

"철없는 소리 하지 마. 해골 유령들이 물귀신처럼 들러붙으면 너까지 진짜 유령이 될 거야."

"어쩔 수 없어요. 내 한 몸 무사하자고 도움이 간절한 이를 모른 척할 수는 없어요."

용비는 단호했어. 늘 불쌍하고 약한 사람들을 먼저

생각하던 용 할머니와 너무 많이 닮았어.

용비는 해골 유령들에게 말했어. 목소리도 참 따뜻했지.

"여러분, 나를 따라오세요. 당장 유령 세계로 보내 줄 순 없지만 우리나라에 가면 할머니가 도와……."

해골 유령들은 딸깍딸깍 뼈 부딪히는 소리를 내며 용비 앞에 나란히 섰어. 용비가 이대로 유령들에게 휩싸여도 될까? 탐정 유령도 걱정이 되었는지 한숨을 푹푹 쉬며 용비 옆에 섰어.

"알았어, 알았다고. 어휴, 유령 세계의 문을 한 번 여는 게 얼마나 힘든 줄 알아? 이봐요, 해골 유령들. 유령 세계로 보내 줄 테니 이 고집 센 인간 어린이에게 붙지 마쇼."

탐정 유령은 <u>유령 스마트 패드</u>를 꺼내 해골 유령들의 이름과 나이 등을 물어 유령 세계로 넘어갈 서류를 작성했어.

"자, 이제 유령 세계의 문을 여는 주문을 외겠어요. 해골 유령 여러분, 힘을 합쳐 주문의 정답을 외치세요. 정답을 맞히면 밝은 빛으로 된 유령 세계의 문이 열릴 거예요. 그럼 뒤도 돌아보지 말고 들어가세요."

해골 소년이 **유령 세계**의 **문**을 향해 **오전 10시**에 **출발**해 구름을 타고 $2\frac{2}{3}$**시간** 날고, 별을 타고 $\frac{2}{5}$**시간** 날고, 또 **10분**을 **더** 날아갔다네. 유령 세계의 문에 **몇 시**에 **도착**했을까?

해골 유령들은 한참 동안 웅성거리더니 정답을 외쳤어. 다행히 한 명도 빠짐없이 빛 속으로 들어갔지. 유령 세계에서 모두 편히 쉬기를……

유령 세계의 문을 여는 주문의 정답은?

먼저 유령 세계의 문까지 가는 데 걸리는 시간은, 구름을 타고 날아간 시간($2\frac{2}{3}$시간)과 별을 타고 날아간 시간($\frac{2}{5}$시간)에 10분을 더하면 되지.
1시간은 $\frac{60}{60}$시간이고 10분은 $\frac{10}{60}$시간이니까, 이렇게 계산할 수 있어.

$$2\frac{2}{3} + \frac{2}{5} + \frac{10}{60} = 2\frac{2 \times 20}{3 \times 20} + \frac{2 \times 12}{5 \times 12} + \frac{10}{60}$$
$$= 2\frac{40}{60} + \frac{24}{60} + \frac{10}{60} = 2 + \frac{74}{60} = 2 + 1\frac{14}{60}$$
$$= (2+1) + \frac{14}{60} = 3\frac{14}{60} \text{(시간)} \cdots 3\text{시간 } 14\text{분}$$

날아간 시간 3시간 14분을 출발 시간인 오전 10시에 더하면?
10시 + 3시간 14분 = 13시 14분. 즉 오후 1시 14분이야.

미스터리 수학

사라질 뻔한 나스카 지상화를 지켜 낸 수학자

나스카 지상화는 1300 km²나 되는 나스카의 모래 평원을 30 cm 정도 파서 그린 신비한 그림이다. 그림 하나의 크기가 100~300 m나 되어서 땅에서는 그 모습을 확인할 수도 없다. 1955년, 이 신비한 그림은 영영 사라질 뻔했다. 페루 정부에서 나스카 평원에 관개 시설(많은 수확을 위하여 논밭에 물을 대고 빼는 시설)을 만들기로 한 것이다.

1946년부터 나스카 지상화를 연구해 왔던 독일의 수학자 마리아 레이헤(Maria Reiche) 박사는 페루 정부를 설득하고 세계에 호소하여 나스카 지상화를 지켜 냈다.

레이헤 박사는 나스카의 그림을 자로 재고, 종이에 옮기고, 사진을 찍어 연구한 결과, 나스카의 그림이 천체 움직임을 그린 그림이며 제사 의식과 관련이 있다는 것을 알아냈다. 50년 넘게 나스카에 머물며 연구를 계속한 레이헤 박사는 죽어서도 나스카 계곡에 묻혔다.

수수께끼 그림
나스카 지상화

"아아, 나스카, 나스카, 비밀을 품은 나스카."
 J 왕자님은 시를 읊으며 날아갔어. 우리는 페루의 불가사의한 그림, 나스카 지상화로 날아가고 있거든. 나스카에는 무려 1000 km^2가 넘는 건조한 땅에 벌새, 고래, 나무, 앵무새, 원숭이, 거미, 우주인, 뜻을 알 수 없는 기하학적인 무늬가 그려져 있어.
 언제, 누가, 왜 그렸는지 짐작도 할 수 없는 수수께끼 그 자체지. J 왕자님은 왕자님의 조상인 외계인 유령이 그 그림을 그렸다고 했어. 그림 속 어딘가에 고향 별로 돌아갈 방법이 적혀 있을 거라고.

드디어 신비로운 나스카의 평원에 도착했어. 하늘에는 나스카 지상화를 보러 온 사람들이 탄 경비행기가 뱅글뱅글 돌며 곡예 비행을 하고 있었어. 나도 그 비행기들 사이를 위태롭게 날며 나스카의 그림들을 즐겼어.

"보아라, 수수께끼 소년. 여기 내 조상님이 있다."

J 왕자님이 **우주인 그림**을 보고 소리쳤어.

우리는 단숨에 내려가 우주인 그림 앞에 섰어. 하늘에서 볼 때는 그림이 작았는데 내려서서 보니 무척 컸어.

"보아라! 옛날 지구인들이 이렇게 큰 그림을 어떻게 그렸겠냐? 날 수도 없었을 텐데. 외계에 사는 우리 조상들이 지구에 왔다가 그린 게 분명하지."

누가 그렸는지 안 봐서 모르겠지만 사람도 이렇게 큰 그림을 그릴 수는 있어. 수학만 잘하면 말이야. 그런데 고대 지구인들은 수학을 꽤나 잘했던 것 같더라고!

나는 J 왕자님께 우리 조상들도 꽤 똑똑했다고 말해 주고 싶었어.

"왕자님, 방법은 있어요. 먼저 작은 그림을 그린 다음에 같은 비율로 키우는 거죠. 그럼 아무리 큰 그림도 그릴 수 있어요."

"말도 안 돼. 작은 걸 어떻게 크게 만들어? 그림이 뭐 뻥튀기야? 쓸데없는 얘기 하지 말고 수수께끼 소년 너는 저 선과 무늬들 사이에서 외계의 우리 별로 갈 방법을 찾아봐. 초능력으로 뭔가 느껴 봐. 무슨 느낌이 와?"

아, 갑자기 느낌이 팍 왔어. 아랫배가 찌르르 하면서 오줌이 너무 마려웠어.

"저기, 잠깐만요."

"우리 별에 대한 단서가 있어? 어서 말을 해."

J 왕자님이 다그쳤어. 하지만 지금 더 위급한 일이…….

"잠깐만요. 제가 중요한 볼일이……."

"이것보다 더 중요한 볼일이 어딨어? 빨리 말해. 뭐라고 쓰여 있어? 저 어지러운 선이 암호야? 응?"

대답할 겨를도 없는데 J 왕자님은 내 머리카락을 붙들고 놓아 주지 않았어.

"안천재, 어디 가? 빨리 얘기해. 뭔가를 알아낸 거야? 내가 충격받을 내용이야?"

"아, 몰라요. 전 아무것도 몰라요."

"모르긴 뭘 몰라? 어서 사실대로 말해."

J 왕자님의 얼굴이 파리해졌어. 내 얼굴은 더 파래졌을 거야. 더는 참을 수 없었거든. 어쩔 수 없이 사실을 털어놔야 했어. 안 그러면 날 놓아줄 것 같지 않아서.

"J 왕자님, 전 수수께끼 소년이 아니에요. 초능력 소년도 아니고, 저 그림을 봐도 아무것도 몰라요. 전 그냥, 오줌이 너무 마려운 순수 초딩일 뿐이라고요."

J 왕자님은 충격으로 잠시 멍해졌어. 그 틈에 왕자님을 뿌리치고 아래로 내려갔어. 너무 급해서 앞뒤 볼 틈도

없이 내려가다가 쿵! 나는 곡예 비행을 하던 비행기에 부딪히고 말았어. 비행기는 휘청거리다 다시 날았지만 나는 바닥으로 추락했어. 딱딱한 나스카의 평원에 떨어져 납작한 빈대떡이…… 안 되었어. 내가 떨어진 땅은 푹신했거든.

"천재야, 괜찮아?"

탐정 유령이 내 밑에서 기어 나왔어. 탐정 유령이 몸을 풍선처럼 빵빵하게 만들어 나를 받쳐 준 거야. 용비는 나를 일으켜 주었고. 살았다는 생각이 들자마자, 급한 볼일이…….

"용비야. 잠깐만 눈 좀 감아 봐. 절대로 뜨면 안 돼. 알았지?"

나는 뒤돌아서 졸졸졸 급한 볼일을 보았어. 용비는 내 오줌 누는 소리가 들리지 않을 정도로 크게 웃었지. 창피했지만 함께 놀던 시절이 생각나면서 웃기고 재밌기도 했어.

"우정의 이름으로 이 장면은 잊어 줄게."

용비가 말했어. 나는 멋쩍어서 이마를 긁적였지. 손톱에 파란 스티커 같은 게 한 조각 붙어 나왔어.

"어, 이게 뭐지?"

파란 스티커 조각을 유심히 바라보는데, 갑자기 탐정

유령이 나를 쓰러뜨려 눕혔어.

"용비야, 천재 이마에서 **파란 점**을 떼어 내. 그럼 천재가 정신을 차릴 거야."

탐정 유령은 뚱뚱한 몸으로 나를 누르고 용비는 손톱으로 내 이마를 긁었어.

"아얏! 하지 마. 아프다고."

고래고래 소리를 질렀지만 용비는 멈추지 않았어.

"탐정 유령님, 잘 안 떨어져요. 어쩌죠?"

"뭐 좋은 방법 없어? 천재를 정신 차리게 하는 방법?

뒤통수를 때리거나 간지럼을 태우거나…….”

으윽, 둘 다 내가 최고로 싫어하는 거야.

"정신 차리게 하는 방법, 알아요."

용비는 나를 번쩍 일으켜 앉히더니 이마에 딱밤을 딱! 어릴 적에 같이 놀 때, 내가 생트집을 잡거나 떼를 쓰면 용비가 딱밤을 때려 정신을 차리게 했었어. 그때처럼 정신이 번쩍 들었어. 내 이마에 딱 붙어 있던 파란 불꽃 점 반쪽이 땅에 툭 떨어졌고 말이야.

탐정 유령은 바닥에 떨어진 파란 불꽃 점을 마구 밟았어. 순식간에 외계 유령 J에게 걸렸던 최면이 풀렸어. J 때문에 위험했던 순간이 떠오르며 몸서리가 났어.

"으! 이 나쁜 외계 유령, 용서하지 않겠어. 우주 끝까지 쫓아가서라도 꼭 혼내 줄 테야. 복수할 테다."

나는 부들부들 떨며 하늘로 솟아올랐어. 탐정 유령이 재빨리 따라 올라와 나를 붙잡았지.

"천재야, 흥분하지 마. **최고의 복수**는 얼른 집에 돌아가 평화롭게 사는 거야. 너는 인간 어린이로, 난 유령 탐정으로. 그렇지 용비야? 앗! 용비야, 어딨니?"

용비는 나스카의 평원에, 우리는 나스카의 하늘에, 아주 잠깐 떨어져 있었는데 용비가 사라졌어.

아무리 찾아봐도 흙먼지 외에는 아무것도 보이지 않았지. 도대체 이 녀석, 어디로 간 거야?

그림을 확대해 그리는 방법

작은 그림을 확대해 크게 그리려면 한 도형과 닮음인 관계에 있는 도형을 그리면 돼. 수학에서 닮음이란, 어떤 두 도형이 크기에 관계없이 모양이 같을 때를 말해. 닮음인 두 도형의 대응변의 비가 각각 같기 때문에 비례식을 이용하여 간단하게 닮음인 관계에 있는 도형을 그릴 수가 있지. 닮음의 성질을 이용하여 작은 그림을 확대해 그리는 방법을 알려 줄게.

1. 먼저 작은 그림을 그린다.
2. 작은 그림의 바깥에 기준점을 찍는다.
3. 기준점과 작은 그림의 각 부분에 실을 연결하여 작은 그림의 각 부분과 기준점 사이의 길이를 잰다.
4. 작은 그림의 각 부분과 기준점 사이의 길이를 1이라고 할 때, 확대 비율만큼의 거리에 점을 찍어 연결한다.

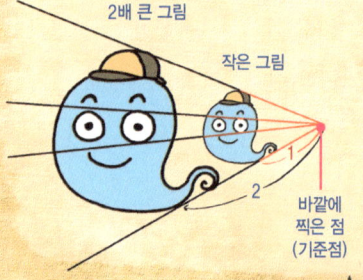

만약 그림을 2배 확대하고 싶다면, 작은 그림과 기준점의 길이에 2를 곱한 뒤, 그 길이만큼 각각의 선에 점을 찍어 연결하면 똑같은 모양의 큰 그림이 돼.

10

네스호에 나타나는 괴생물체

"J가 용비를 납치했어!"

재빨리 하늘로 올라가 봤지만 용비도, J도 사라지고 없었어. 눈앞이 캄캄했어. 탐정 유령이 다급하게 물었어.

"천재야, J의 정체가 뭐야?"

"J는 외계에서 온 유령이에요."

"외계 유령? 유령 우주에서 UFO를 타고 온다는 외계 유령? 소문만 들었지 한 번도 못 봤는데. 무시무시한 힘을 가졌다며? 어떤 힘이야?"

나도 몰라. 내가 아는 건 용비가 나 때문에 위험에 빠졌다는 것뿐이야. 눈앞이 아득해졌어.

"안천재, 정신 차려. J가 어디로 갔는지 추리해 봐. 넌 외계 유령의 충실한 부하였잖아. 응?"

순간 '수수께끼 소년' 시가 생각났어. J는 지금까지 그 시에서 알려 주는 대로 움직였어. 피라미드, 삼각형, 나스카, 그 다음은?

"J는 긴 그림자의 괴물을 찾아갔을 거예요. J는 지구에 외계인의 메시지가 있다고 믿거든요. 피라미드, 버뮤다 삼각 지대, 나스카 지상화 등 지구인이 불가사의하다는 곳에 외계인의 흔적이 있다고요."

"불가사의? 긴 그림자의 괴물? 혹시 네시? 정체를 알 수 없는 목이 긴 괴생물체잖아."

역시 추리라면 누구에게도 지지 않는 탐정 유령다워! 우리는 당장 영국

스코틀랜드의 네스호로 날아갔어. 잠시 후, 뿌연 물안개가 깔린 네스호가 나타났어. 네스호는 매우 길고 깊은 호수였어. 표지판을 보니 가장 깊은 곳이 230m나 된대. 둘레는 얼마나 될까?

네시는 이 큰 호수에 산다는 괴생물체야. 머리가 작고, 목이 길고, 엄청나게 크지. 1930년대에 처음 세상에 알려졌지만 네시를 본 사람은 많지 않아. 일 년에 겨우 한두 명 정도야.

사진을 보면 네시는 공룡 시대에 살았던 해양파충류 **플레시오사우루스**와 무척 닮았어. 혹시 멸종된 줄 알았던 플레시오사우루스가 네스호에 살고 있는 건 아닐까? 최근에는 스코틀랜드 어느 섬에서 돌고래와 악어를 합친 것 같은 파충류의 화석이 발견됐는데, 이 화석의 주인공이 네시라는 이야기도 있어.

"네시는 유령일지도 몰라. 유령을 볼 수 있는 몇몇 사람의 눈에만 띄는 거야."

탐정 유령의 추리도 그럴 듯해. 과학적인 증거가 없다며 지한이는 안 믿을 것 같지만. 지한이의 이름을 따라 주리, 엄마, 아빠, 흰둥이 모두 떠올랐어. 아, 보고 싶다. 눈물이 도르르 떨어지려는 순간, J가 나타났어. 용비도 무사했어.

"수수께끼 소년, 나스카에는 과거의 흔적뿐이랬지? 긴 그림자의 괴물은 살아 있으니까, 무슨 말이든 해 줄 거야. 나를 등에 태우고 우리 별로 훨훨 날아갈지도 몰라. 어서 그림자 괴물을 불러 봐."

J는 호수에 소금을 톡톡 뿌리며 말했어. 바로 이때야! 용비를 구해 오자! 탐정 유령과 나는 눈짓을 주고받았어. 하나, 둘, 셋에 뛰쳐나가 용비를 데려오는 거다! 하나, 둘……. 그런데 갑자기 용비가 우렁차게 소리치는 거야.

"긴 그림자의 괴물이여, 외계 왕자 J님이 오셨다! 네 모습을 보여라."

세상에! 용비는 나인 척하며 수수께끼 소년 노릇을 하고 있었어. 용비도 유령 최면에 걸렸을까? 그럼 우리를 뿌리칠 텐데.

"워우워우 호오오."

느닷없이 호수 한가운데에서 기괴한 동물 울음소리가 들렸어. 우리 영혼들과 유령들은 깜짝 놀랐어. 하지만 네스호 주변의 사람들은 놀라지 않았어. 사람들의 귀에는 네시의 울음소리가 안 들리는 것 같았어. 네시는 정말 유령일까?

매끈한 머리와 긴 목, 사진에서 본 것과 똑같이 생긴 네시가 고개를 들었어. 울부짖긴 했지만 사나워 보이지는 않았어.

"나는 외계 별에서 온 네시다, 무엇이 궁금한가, 외계 유령 J?"

꺅! 네시가 진짜 외계에서 온 동물이래. J에게 말도 걸었어. 진짜 불가사의는 바로 이런 거야!

"천재야, 네시가 한반도 출신이야? 어떻게 영어도 아니고 한국말을 하지?"

탐정 유령이 내 옆구리를 콕 찌르며 물었어. 정신이 번쩍 들었어. 동물인 네시가 사람 말을 하는 것도 이상한데

그것도 우리말이라니…….

용비와 네시의 대화는 이어졌어.

"긴 그림자의 괴물이여, 너는 외계로 가는 길을 알고 있는가?"

"알고 있다. 하지만 쉽지 않은 길이다. 알려 준다 해도 가기 어려울……."

그런데 네시의 목소리가 좀 이상했어. 사람 목소리와 너무 닮은 거야. 그제야 나는 네시의 비밀을 알아챘지.

"복화술이다!"

복화술은 입술을 벌리지 않고 전혀 다른 목소리로 말을 하는 신기한 기술인데 용비가 끝내주게 잘하거든. 옛날에도 복화술로 나를 골탕먹인 적이 많아. 용비는 지금도 복화술로 연극을 하고 있어. J를 속이는 거야. 역시 용비는 J의 최면에 걸리지 않았어.

탐정 유령과 나는 네시 뒤로 날아가 숨었어. 그런데 하필이면 네시가 다시 물속으로 첨벙 들어가 버렸어. 우리는 J에게 모습을 들키고 말았어.

"헉, 뚱뚱보 유령과 수수께끼 소년이 왜? 아니, 수수께끼 소년은 여기 있는데?"

J는 용비를 돌아봤어. 용비가 어색한 웃음을 지으며

달아났지만 안타깝게도 J가 더 빨랐어. J는 용비의 손을 꽉 붙잡고 물었어.

"맞아. 너희 둘, 똑 닮았었지? 누가 수수께끼 소년이야? 날 속인 자는 용서 못 해. 하지만 긴 그림자의 괴물을 불러내면 용서해 주지. 당장 다시 나오라고 해."

"외계 유령, 우리가 네시를 숨긴 게 아니야. 네시는 긴 그림자의 괴물도 아니고. 그냥 목이 긴 유령일 뿐이야. 널 외계로 데려다주지도 못한다고."

탐정 유령이 진실을 말했지만 J의 화만 돋웠어. 파란 얼굴이 시뻘게지면서 머리카락까지 빨갛게 달아올랐지.

"헛소리하지 마. **그림자 괴물은 내 희망이야.** 날

방해하는 자는 용서하지 않겠어."
 느닷없이 J의 머리카락이 곤두서더니 무시무시한 레이저 빔이 발사됐어.
 "위험해요!"
 용비가 J를 홱 밀쳤어. J가 쏜 레이저 빔은 다행히 탐정 유령을 비껴갔지만, 불행히 고개를 들던 네시의 머리를 맞히고 말았지. 네시는 그대로 물속으로 가라앉았어.
 "안 돼! 그림자 괴물. 이렇게 죽으면 안 돼.

외계로 가는 길을 알려 줘. 알려 달라고. 으으으, 이게 다 너희 때문이야. 뚱뚱보, 넌 긴 그림자의 괴물을 죽였어. 곱슬머리 너희 둘은 외계로 가는 길을 알려 준다고 나를 꼬드겼어. 결국 일을 망칠 걸 알면서. 절대 용서 못 해."

J는 탐정 유령과 용비와 네게 미친 듯이 레이저 빔을 쏘아 댔어. 으악, 살려 줘!

네스호의 전체 둘레는?

네스 호수의 둘레를 구하려면 먼저 둥글게 굽은 부분과 직선 부분으로 나누어야 해.

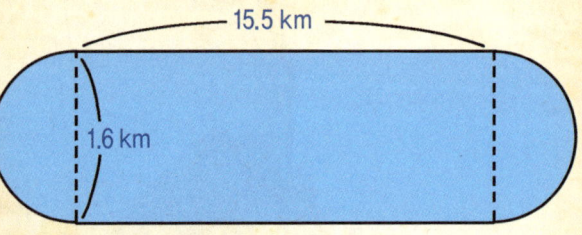

직선 부분의 길이는 15.5 + 15.5 = 31(km)야.
굽은 부분의 길이는 지름이 1.6km인 원 1개의 둘레와 같아.
원의 둘레(원주)는 (지름) × (원주율)인데 원주율을 약 3.14라고 계산하면, 1.6 × 3.14 = 5.024(km)야.
이렇게 구한 직선 부분의 길이와 굽은 부분의 길이를 더하면,
31 + 5.024 = 36.024(km)이지. 네스호의 둘레는
약 36km야.

미스터리 수학

괴생물체는 정말 존재하는가?

스코틀랜드의 호수의 네시, 히말라야의 설인 예티, 북아메리카 산속의 빅풋, 백두산 천지의 괴물 등은 정말로 상상 속에만 존재할까?

지난 200년 동안, 지구상에는 수천 종의 새로운 동물이 발견되었다. 마운틴고릴라, 오카피, 코모도 드래건, 실러캔스, 매가마우스……. 멸종된 줄 알았던 실러캔스는 남아프리카의 바다에서 두 번이나 발견되었다.

새로 발견된 동물들 중에는 상상 속 동물도 많았다. 뱃사람들의 전설 속에 등장하는 문어를 닮은 괴물 크라켄은 심해에 사는 대왕오징어였다. 얼룩말과 기린을 섞어 놓은 상상 동물은 오카피가 틀림없었다. 네시, 예티, 빅풋 등 상상 속 괴생물체도 대왕오징어처럼 어느 날 갑자기 우리 앞에 나타나지 말라는 법은 없다.

MYSTERY

파로스 등대의
신비한 비밀

"J 왕자님, 멈춰요. 우릴 죽이면 후회할걸요. 외계 별로 신호를 보내는 방법을 아는 사람은 나뿐이니까요."

느닷없이 용비가 외쳤어.

"난 유령 세계에서 제일 용한 무당 용 할머니의 손녀예요. 할머니가 유령 우주로 신호를 보내는 법을 알려 주셨죠. 알고 싶다면 우리를 풀어 줘요."

"쳇, 거짓말."

J는 조금도 믿지 않았어. 나도 못 믿어. 탐정 유령도 고개를 절레절레 흔들었어.

"그럼 영영 고향별로 돌아가지 못하고 지구를 떠도세요.

나도 어쩔 수 없죠."

용비의 엄포에 J의 마음이 흔들렸나 봐. 공격을 멈추고 용비를 쳐다보았어.

"파로스의 등대에서 외계의 빛을 쏘아 보내면 유령 우주로 신호가 간대요. 왕자님의 이마에서 솟아나는 빛이면 충분할 것 같아요."

"진짜? 알겠어. 수수께끼 소년, 일단 네 말을 믿으마."

우리를 공격해 봤자 화풀이 말고는 달리 얻을 게 없기 때문인지, J는 일단 용비를 믿었어. 거짓말이 들통나면 어쩌려고! 나는 용비에게 속삭여 물었어.

"용비야, 왜 거짓말을 해? 파로스 등대는 이미……."

"거짓말 아니야. 가서 보면 알아."

가서 본다고? 누가? 우리가? 숨이 턱 막혔어.

"난 싫어. 집에 갈 거야."

"나도 싫어."

탐정 유령과 나는 한마음으로 외쳤어. J가 눈을 치켜뜨고 우릴 노려봤어.

"나만 두고 간다고? 달아날 테면 달아나 봐."

J의 한 가닥뿐인 머리카락이 코브라처럼 꼿꼿하게 섰어. 또 레이저 빔 공격이야? 어휴, 목숨이 아까우니 따라갈

수밖에…….

"어휴, J도 문제지만 아무나 도와주겠다고 나서는 용비도 문제야. 누가 쟤를 데려왔니?"

탐정 유령은 투덜거리며 파로스 등대가 있는 알렉산드리아로 떠났어. J는 용비에게 딱 달라붙어 날았어.

"수수께끼 소년, 너를 내 경호 대장으로 임명한다. 내게 충성을 바치면 너는 J스타0101에서 멋진 새 생활을 할 수 있다. 저 못생긴 수수께끼 소년은 땡이야. 처음부터 알아봤다고!"

못생기기는, 똑 닮았다고 할 때는 언제고! 그리고 용비는

'소년'이 아니라 '소녀'라고요! 눈이 정말 나쁜가 봐. 용비는 바지를 입은 나와 달리 치마를 입고 있는데도 헷갈리다니! 쳇. 외계 유령인지 유령 왕자인지 아무튼 J는 정말 싫어. 근데 J가 나보다 용비를 더 좋아하는 것 같으니까 왜 기분이 나쁘지?

  드디어 파로스 등대가 있는 알렉산드리아가 나타났어. 해 질 녘의 알렉산드리아는 품격 있게 예뻤어. 탐정 유령은

아름다운 도시를 보며 한숨을 푹푹 내쉬었지.

"지금까지 헛고생만 했어. 피라미드에 갔을 때 그냥 J를 외계로 보내 버리면 간단했을걸!"

알렉산드리아는 바로 이집트의 항구 도시거든. **알렉산드로스 대왕**이 세웠고, **클레오파트라**도 살았었지. 파로스 등대는 지중해를 바라보고 있는 알렉산드리아의 작은 섬 파로스에 있었어.

"파로스 등대가 어떤 거야? 저거야? 저거?"

J는 높은 건물만 보면 손가락질을 했어. 하지만 아무리 손가락질을 해도 등대를 찾을 순 없을걸. 내가 말했지? 파로스 등대는 '있었다'고. 지금은 '없다'는 뜻이야.

파로스 등대는 기원전 280년 무렵 세워진 높이 135m의 등대야. 꼭대기에는 아름다운 고대 이집트의 여신 이시스상을 올렸대. 당시의 기술력으로 만들었다고 하기에는 믿을 수 없을 정도로 훌륭한 건축물이야. 불빛도 매우 멀리 퍼졌대. 등대 꼭대기에서 불빛을 반사경에 비치면

50km 떨어진 지중해에서도 볼 수 있었대.

초점을 잘 맞추면 반사경을 이용해 멀리 떨어진 배의 돛도 태울 수 있었다는 얘기도 전해져. 이렇게 훌륭한 반사경은 무엇으로 만들었냐고? 나도 모르지. 아무도 몰라. 외계에서 온 특수한 거울이라도 있었나?

파로스 등대는 14세기 초에 일어난 지진으로 완전히 무너졌어. 이후 알렉산드리아를 쳐들어온 이슬람 군대가 등대가 있던 자리에 카이트베이 요새를 지었어.

"파로스 등대는 바로 여기 있어요!"

용비가 카이트베이 요새 위에 섰어. 탐정 유령과 나는 용비 옆으로 다가가 손을 잡았어. J가 공격하면 용비를 납치해서라도 함께 도망칠 테야.

"이게 등대야?"

J가 눈을 끔벅거렸어.

"지금은 아니에요. 하지만 우리가 간절히 바라면 파로스 등대가 돌아올 거예요. 이 요새를 쌓을 때 지진으로 무너진 파로스 등대의 벽돌도 사용했으니까요. 그 에너지를 모으면 파로스 등대 유령을 부를 수 있어요. 그렇죠, 마방진 탐정 유령님?"

용비의 기습적인 질문에 탐정 유령이 펄쩍 뛰었어.

"하지만 그건 굉장히 어려운 일이야. 용 할머니 정도의 정신력이 있어야 해."

"할 수 있어요. 우리 모두 집중해서 파로스 등대 유령을 부르면 돼요. 천재야, 할 수 있지? J 왕자님, 꼭 기억해요. 등대 유령이 이곳에 돌아오는 건 아주 잠시뿐이에요. 기회는 한 번뿐이고 아주 짧아요."

"아니야, 난 못할 것 같아. 난 순발력이 너무나도 없단 말이야."

J는 머뭇거렸어. 한 번뿐인 짧은 기회라니, 듣기만 해도 아슬아슬 긴장되었지.

"할 수 있어요. 해야 해요. 방법은 이것뿐인걸요."

"그래요. 해 봐요."

나도 모르게 J를 응원했어! 어휴, 난 지나치게 착한 게 정말 큰 흠이야.

착한 초딩 영혼과 진짜 **초능력 소녀 영혼**과 엉겁결에 힘을 보태게 된 **탐정 유령**과 골칫덩어리 **외계 유령 J**, 우리 넷은 강강술래 자세로 손을 잡고 서서 파로스 등대를 상상했어.

맨 아래는 정사각형, 그 위는 정팔각형, 그 위는 둥근 모양을 상상하기. 그런데 정팔각형의 모양이 자꾸

어그러졌어. 탐정 유령이 버럭 소리를 질렀어.

"누구야? 정팔각형도 몰라, 안천재? 8개의 변과 8개의 각을 가진 정다각형. 각 변의 길이와 내각의 크기가 모두 같잖아. 이제 알았어?"

"알고는 있었는데 어떻게 그려야 할지 몰라서 상상이 잘 안 돼요."

용비가 시무룩하게 말했어. 외계로 신호를 보내는 방법까지 아는 똑똑한 용비에게도 수학은 넘을 수 없는 산이었으니까. 나는 자와 컴퍼스를 이용해 정팔각형을 그려 주었어.

우리는 다시 정신을 가다듬고 파로스 등대를 상상했어. 잠시 후 깜깜한 우주처럼 눈앞이 까매지더니 웅장한 파로스 등대의 모습이 나타났어. 용비가 재빨리 등대의 반사경을 하늘을 보게 돌리며 외쳤어.

"J 왕자님, 지금이에요!"

J의 머리카락이 비쭉 솟았어. 하지만 레이저 불빛은 보이지 않았어. 진짜 강한 레이저는 우리 눈에 보이지 않거든.

하지만 강력한 에너지를 가진 광선이 하늘로 쭉 올라가는 것을 느낄 수 있었어. 우리는 약속이라도 한 듯 하늘을

바라보았어. 부디 J스타0101까지 날아가기를!
 파로스 등대는 곧 사라졌어. 우리는 케이트 베이 요새 위로 쓰러지듯 누웠어. 벌써 별이 뜨기 시작했어.

정팔각형 그리는 방법

① 컴퍼스로 원을 그린다.

② 원의 중점을 지나는 직선을 긋고, 이 직선에 수직이며 원의 중심을 지나는 직선을 긋는다. 두 개의 직선이 원과 만나는 점을 이으면 정사각형이 된다.

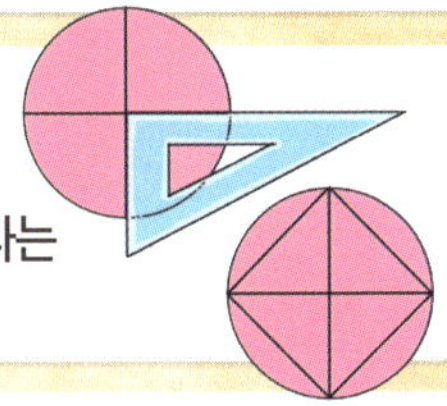

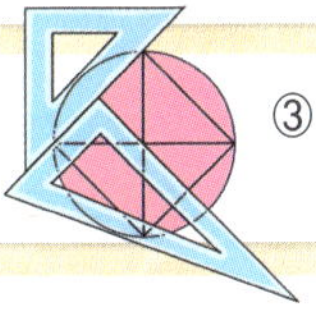

③ 원의 중점을 지나며 정사각형의 한 변을 수직 이등분하는 선을 긋는다.

④ 원과 만나는 점을 모두 잇는다. 그러면 큰 원에 *내접하는 정팔각형을 그릴 수 있다.

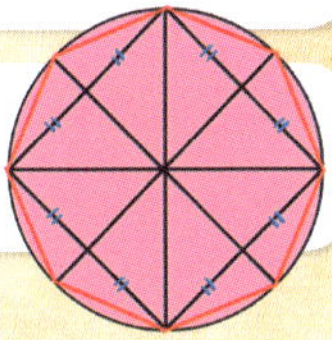

*내접: 다각형이나 다면체의 모든 꼭짓점이 곡선 도형이나 곡면체 또는 다각형이나 다면체의 둘레에 닿는 일.

외계 유령 전사
Vs 고대 유령 병사

금세 밤이 깊었어. 우린 깜깜한 밤하늘에 반짝이는 금가루 같은 별들 사이를 날아 집으로 돌아갈 거야.
"J, 우린 할 만큼 했어요. 이제 갈게요. 꿈에서도 만나지 마요."
나는 J에게 마지막 인사를 했어. 그런데 J가 용비의 손을 덥석 붙잡고 놓아주지 않았어. 우리에게 레이저 빔까지 겨누면서 말이야.
"안 돼. 내가 떠날 때까지 너희도 못 떠나. 지금 움직이면……."
J의 레이저 빔에서 붉은 빛이 번쩍였어. 그런데 불빛은

피식거리더니 곧 꺼지는 게 아니겠니? 탐정 유령이 낄낄 웃었어.

"외계로 빛을 보낼 때 에너지를 다 쓴 거야. 이젠 하나도 안 무서우니, 우린 간다."

"가지 마. 하룻밤만 나와 같이 있어 줘. 혼자 있기 무서워."

J가 눈물을 글썽이며 불쌍한 척했어.

결국 우리는 한때 파로스 등대였던 카이트베이 요새 위에서 함께 하룻밤을 보내 주기로 했어. 우리는 밤하늘에서 별사탕이라도 쏟아질 듯 입을 헤 벌리고 쳐다보았어.

"우리 우주에 인간과 같은 생명체가 얼마나 살고 있을까?"

나도 이런 질문이 나왔어.

"난 적어도 10% 이상은 있을 거라 생각해. 우주가 너무 넓어서 우리가 아직 못 찾은 거지."

용비가 말했어. 탐정 유령은 고개를 절레절레 흔들며 말했어.

"10%는 너무 많아. 난 3% 정도라고 생각해. 이봐, J. 유령 우주에는 생명체가 얼마나 살아?"

J는 한참 동안 대머리를 긁적였어.

"음……, 몇 %인지는 몰라. 유령 우주 J은하계에는 별이 8억 5천만 개 정도 있는데 외계인이 사는 별은 4천2백5십만 개 정도? 그중 우리 별이 제일 크고 훌륭해. 나 같은 왕자가 있는 것만 봐도 알 수 있잖아."

J는 그 틈을 놓치지 않고 또 자랑했어. 하지만 아무도 귀담아 듣지 않았어. 갑자기 별똥별이 무더기로 떨어졌거든.

"앗, 별똥별이다. 소원 빌어야지. 별똥별 하나에 소원 하나씩."

탐정 유령은 호들갑을 떨며 온갖 소원을 다 빌었어. 난 딱 하나만 빌었어.

'무사히 돌아가서 엄마 아빠를 만나게 해 주세요.'

    J도 이런 마음으로 우리를 협박하고 괴롭혔나 봐.

    팟팟팟 팟팟팟. 밤하늘이 갑자기 밝아졌어. 10개도 넘는 별똥별이 떨어지면서 팡팡 터지는 거야. 폭탄처럼 터진 **별똥별** 속에서는 뜻밖에도 사람이 튀어나왔어. J랑 무척 닮은 외계 유령이었어.

    "핫핫핫. 드디어 훌륭하신 J 왕자님을 모시러 왔군. 하긴 나 없이 유령 우주가 제대로

그래! 사라져 준다니까 도와준다! 우리는 J의 충직한 근위대가 되어 씩씩하게 걸어 나갔어. 외계 유령들은 왕방울만 한 눈을 뜨고 우리를 쳐다보았어.

"나는 J스타0101의 J 왕자다."

"J 왕자님이 확실합니까?"

외계 유령들이 한쪽 손을 번쩍 들고 물었어. 유난히 긴 집게손가락이 거슬렸어. 용비도 그랬나 봐.

"J 왕자님, 유령 우주에서는 저렇게 한쪽 손을 올리는 게 존경의 표시예요?"

J가 대답도 하기 전에 외계 유령들의 긴 집게손가락이 우리를 가리켰어. 손가락 끝에서는 엄청난 빛이 솟아났지. 레이저 빔 공격이었어.

"아악, 뭐야?"

"어서 피해요."

우리는 재빨리 요새로 숨어들었어. 무서워서 몸이 부들부들 떨렸어. 나는 J를 잡고 물었어.

"어떻게 된 일이에요?"

"몰라."

"저 외계 유령들, J스타0101에서 온 거 아니에요?"

"몰라."

J는 거의 넋이 빠졌어. 하는 수 없이 탐정 유령이 정체 모를 외계 유령과 대화를 나누었어.

"나는 유령 세계의 명탐정 마방진이다. 인간 영혼과 외계 유령 J 왕자와 함께 있다. 너희의 정체를 밝혀라."

잠시 뒤 외계 유령의 말소리가 들렸어.

"우리는 유령 우주 최고의 별 NB스타에서 온 외계 유령 전사들이다. 우리 NB스타는 J스타0101을 점령했다.

J스타0101 왕과 왕비는 달이나 우주를 떠돌고 있다. 왕자 J의 행방이 묘연했는데, 여기 있다는 신호를 받고 잡으러 왔다. 숨어도 소용없으니 당장 나와라. 그럼 지구 유령과 인간들은 살려 주겠다."

J의 파란 피부가 더 파랗게 질렸어. 눈에는 눈물이 그렁그렁했지.

"왕자님을 나쁜 외계 유령에게 넘길 순 없어."
용비가 말했어. 그럴 줄 알았어.
"난 평화를 사랑하지만 싸워야지 뭐."
탐정 유령이 말했어. 그럴 줄 몰랐어. J를 넘겨주고 우리는 무사하자고 할 줄 알았지. 하는 수 없이 J를 다그쳤어.
"J 왕자, 무슨 방법이 없어요? 어떻게 좀 해 봐요."
"몰라. 난 몰라. 이젠 힘도 없고, 레이저 빔도 나오지 않잖아. 너희가 어떻게 좀 해 봐. 응?"
쾨쾅. NB스타에서 온 유령들은 요새를 박살 낼 작정인가 봐. 여기저기 공격하고 파괴하고 난리도 아니었어. 벌써 지하까지 침투했는지 요새 지하에서 쿵쿵 발소리가 요란했지. 마치 수백 명의 군대가 행진하는 것 같았어. 어떡하지? 우리는 목숨을 구할 수 있을까?
우당탕탕 소리와 함께 지하로 연결된 계단에서 군인들이 튀어나왔어.
"침입자다. 전투 태세! 활을 겨눠라!"
무기를 든 근육질의 군인들은 우리에게 활을 겨눴어. 아무리 봐도 외계 유령 같지는 않았어.
"너희는 누, 누구냐?"

탐정 유령이 떨면서 물었어. 대장인 듯한 군인이 소리쳤지.
"우리는 술탄의 병사들이다. 너희는 누구냐?"
술탄? 카이트베이 요새를 세운 **이집트 왕국의 왕**을 술탄이라고 불렀어. 이 유령들은 옛날 이집트 병사 유령? 일단 같은 편인 척해 봐야겠어. 나는 떨리는 목소리로 대답했어.
"나, 아니 우리도 술탄의 비밀 첩보원이다."

"비밀 첩보원? 증거를 대라."

내가 머뭇거리자 탐정 유령이 대신 대답했어.

"증거는 바로 요새 밖에 있는 저 투르크 병사들이다. 우리는 저들 사이로 침투해 투르크가 우리를 공격할 거라는 첩보를 알아내 술탄께 전하고 적진을 몰래 빠져나왔다. 한데 **술탄의 병사**인 그대들은 왜 적을 막을 준비를 하지 않고 있는가? 술탄도 이 사실을 알고 있는가?"

탐정 유령은 되레 호통을 쳤어. 술탄의 병사들은 격렬하게 토론을 벌였어. 우리의 신원을 먼저 확인할지, 바깥에서 공격을 퍼붓는 외계 유령들을 해치울지 결정하는 것 같았어.

"적부터 해치운다. 이들은 승리 후 조사한다."

용감한 술탄의 군사들은 함성을 지르며 뛰쳐나갔어. 창문으로 언뜻 보니 레이저 빔이 번쩍이고, 불화살과 창이

날아다니는 치열한 전투였어. 둘 중 어느 쪽이 과연 승리할까?

술탄의 병사들이 이겼으면 좋겠어. 하지만 전투의 결과는 알 수 없었어. 우리는 요새 뒷문으로 살짝 도망쳐 나왔거든.

외계인이 살고 있는 유령 별은 몇 %일까?

유령 우주의 전체 별 8억 5천만 개 중 외계인이 사는 별이 4천2백5십만 개라면, 외계인이 사는 별은 전체 유령 우주의 몇 %일까?

%(퍼센트)는 백분율을 말해. 비율에 100을 곱한 값을 백분율이라고 하지. 비율은 비교하는 양을 기준량으로 나눈 값이야. 백분율로 나타내려면 먼저 비율을 분수로 나타내면 편리해. 전체 별의 수에 대한 외계인이 사는 별의 비율은 $\frac{42500000}{850000000} = \frac{1}{20}$이므로, 여기에 100을 곱하면 $\frac{1}{20} \times 100 = 5(\%)$야.

소수로도 계산할 수 있어.
$42500000 \div 850000000 = 0.05$이므로, 100을 곱하면 $0.05 \times 100 = 5(\%)$야.

미스터리 수학

우주에 정말로 외계인이 살고 있을까?

이 거대한 우주에 지능을 가진 생명체가 인간뿐일까?

일부 과학자들은 우주에 생명체가 살 수는 있지만 인간과 같이 발달된 지적 생명체는 없을 거라 말한다. 즉, 외계인이 존재하지 않는다는 것이다.

그러나 외계의 지적 생명체를 찾는 연구 단체인 SETI와 미우주항공국 NASA는 외계에 지적 생명체가 살 가능성이 99%라고 밝혔다.

천재 물리학자 스티븐 호킹도 "외계 생명체는 대부분 단순한 미생물 같을 거라 생각하지만 일부는 지적 생명체로 진화했을 수도 있다."고 했다. 수억 개의 별로 이루어진 약 1000억 개의 은하가 존재하는 우주에 생명체가 살고 있는 게 자연스럽기 때문이다. 하지만 호킹은 외계인을 만나는 것이 지구인에게 좋지 않을 수도 있다는 걱정스러운 말을 남겼다.

13

석굴암에 나타난 외계의 메시지

무작정 알렉산드리아에서 멀리 달아났는데, 알고 보니 우리나라 방향으로 가고 있었어. 본능적으로 고향을 찾아가는 철새들처럼 말이야.

미운 정도 정이라고, J를 낯선 곳에 혼자 두고 갈 수는 없지? 나는 J에게 함께 우리나라로 가자고 했어.

"J, 괜히 인간 세계를 떠돌며 나 같은 어린이들을 괴롭히지 말고, 마방진 탐정 유령을 따라 유령 세계로 돌아가요."

J는 풀이 팍 죽어서 고개만 끄덕였어. 레이저 빔을 뿜어 대던 머리카락마저 축 처져 있는 게 좀 안됐더라.

　우리는 아무 말 없이 날았어. 분위기가 너무 무거워서 바다에 가라앉는 줄 알았어.
　인도양을 지날 때였어. 느닷없이 탐정 유령이 유령 스마트 패드를 꺼내며 호들갑을 떨었어.
　"석굴암에 미스터리 서클이 나타났대. J의 부모님께 온 소식 아닐까?"
　"어디, 어디?"
　J가 유령 스마트 패드를 보려고 탐정 유령의 옆으로 바짝 붙었어.

 "아이고, 배터리가 다 되었네. 일단 미스터리 서클이 나타났다는 경주로 가 보자. 거긴 넓지 않으니까 금방 찾을 수 있을 거야."

 탐정 유령은 유령 스마트 패드를 슬쩍 끄고 너스레를 떨었어. 수상한 냄새가 팍 나는걸!

 "근데 우리 별에서 온 메시지 맞을까? 아무래도 난 우리 별로 돌아갈 운명은 아닌 것 같아."

 J는 한숨을 푹푹 쉬었어. 너무 의기소침해서 저절로 위로가 나왔어.

 "J, 석굴암이 얼마나 신기한 줄 알아요? 지금으로부터 약 1200년 전에 만든 건데요, 돌을 쌓아 인공 석굴을 만들고 그 안에 부처님 석상을 놓은 거예요. 지금 만들기에도 어려운 엄청난 기술이라 우리나라의 불가사의라 할 수 있죠.

 그런 신비한 지역에 미스터리 서클이 나타났다는 건 분명 특별한 의미가 있어요. J의 부모님이 보낸 신호일 수도 있죠."

 "음……, 여러분이 그렇게 원한다면, 좋아, 내가 한번 가 주지, 뭐."

 J는 마치 우리를 위해 미스터리 서클을 보러 가는 것처럼

굴었어. 하지만 J의 잘난 척에 적응돼서 이젠 놀랍지도 않아.

그나저나 석굴암 앞의 미스터리 서클은 정말 외계인의 신호일까? 만약 아니라면 가짜로 그려 주기라도 해야 할 것 같아. 만약 아니라면 J는 실망해서 펑펑 울지도 몰라.

우리는 어느덧 석굴암이 있는 **경주 토함산**에 도착했어. 인간의 몸을 하고 있을 때는 불국사부터 뺑뺑 돌아서 힘들게 올라갔지만, 지금은 영혼이니까 휘리릭 하고 날아가야지! 그런데 탐정 유령이 우리를 막무가내로 끌어내리지 뭐야.

"토함산은 신성한 산이야. 유령들이 막 날아다니면 부처님께 혼난다고. 다들 걸어서 올라가도록."

석굴암에 있는 부처는 돌부처인데 도대체 누구한테 혼난다는 거야? 어이가 없었지만 탐정 유령은 막무가내였어. 하는 수 없이 우리는 걸어서 올라가기로 했어. 탐정 유령이 맨 앞에, 그 뒤를 우리가 졸졸 따라갔지. 그런데 석굴암 근처에 다다르자 탐정 유령이 먼저 휙 날아갔어.

"걸어가기로 해 놓고 혼자만 날아가기가 어딨어요?"

우리도 탐정 유령을 따라 날아가 석굴암 앞에 이르렀지.

미스터리 서클 생각을 하니 심장이 두근거렸어. 설마 있겠지?

정말로 미스터리 서클은 있었어. 석굴암 앞 좁은 공간을 가득 차지했지. 그런데 그림 실력이 빵점인 외계 유령이 급하게 그린 것처럼 엉성했어.

"애걔, 이게 진짜 미스터리 서클이에요?"

탐정 유령이 버럭 소리를 질렀어.

"당연하지! 이건 무슨 뜻인지 도저히 알 수 없는 원이잖아. 그러니까 미스터리 서클이지."

물론 사전적인 뜻으로는 미스터리 서클이 맞아. 그래도 뭔가 수상한걸!

하지만 J는 미스터리 서클을 보자마자 눈을 반짝였지.

"오! 진짜 미스터리 서클이야. 수수께끼 소년,

이건 무슨 뜻이야?"
기대에 가득 찬 저 눈빛! 어쩌지?
그때 탐정 유령이 끼어들었어.
"이봐, 석굴암이 세계문화유산인 거 알아? 이런 곳에 들어갔다 와야 외계의 메시지를 제대로 해독할 수 있지."
탐정 유령은 J와 용비를 석굴암으로 밀어 넣고 내 팔을 슬쩍 잡아 귀엣말을 했어.
"저 미스터리 서클은 내가 그린 거야. 해석은 네가 알아서 해 봐, 응?"
역시 탐정 유령의 짓이었구나! J에게 뭐라고 말하지? 고민을 하며 들어가는데 부처님의 인자한 얼굴이 한눈에 들어왔지. 어떻게든 잘되겠지!
용비는 J에게

석굴암을 자랑스럽게 소개했어.

"J 왕자는 석굴암이 처음이죠? 여긴 신비한 곳이에요. 인공 석굴인데 습기가 하나도 안 차게 만들었거든요. 습기가 차면 그 안에 모신 부처님 석상에도 습기가 껴서 못생겨 보이니까, 석굴암을 만들 때 습기가 안 차도록 바닥으로 찬물이 흐르게 했대요. 석굴 안의 습기가 찬 바닥에 닿아 이슬이 되게 말이죠. 옛날 신라 사람들은 불교를 믿었거든요. 그래서 여기에 부처님을……."

"잠깐!"

J 왕자가 용비의 말을 끊더니 부처님 얼굴에 바짝 다가갔어. 뽀뽀를 하는 줄 알았다니까!

"오! 나 부처님 알아. 훌륭한 신이라며? 굉장히 잘생겼네. 몸의 비례가 딱 맞아서 그런가? 이게 황금비인가? 얼른 소원을 빌어야지."

J는 석굴암에 납작 엎드려 소원을 빌었어. 고향에 돌아가게 해 달라고 빌겠지? 혹시 밖에 있는 미스터리 서클의 뜻을 가르쳐 달라고 빌고 있나? 그나저나 마방진이 그린 그림은 어떻게 해석하지? 아! 그렇게 하면 되겠다.

"알았어요. 미스터리 서클의 뜻을 알았다고요."

나를 따라 모두가 밖으로 나왔어.

"이건 태양계에요. 중앙의 큰 원은 태양. 지구는 세 번째 원. 지구 옆에 있는 작은 원은 달, 더 작은 건 바로……."

J와 용비와 탐정 유령은 나를 뚫어져라 쳐다보았어.

"소행성이에요. 그러니까 이 미스터리 서클은 소행성이 지구를 스쳐 갈 때, J를 데려간다는 J 부모님의 메시지예요. 그러니까 J, 유령 세계에서 조금만 기다려요. 소행성이 지구를 스쳐 지나갈 때까지."

"얼마나? 어떤 소행성이 올 건데?"

J가 급하게 물었어. 나는 빠른 시일 안에 지구를 아주 가까이 스칠 소행성이 무엇인지 생각해 봤어. 아, 그게 뭐였더라? 맞아, 그거야!

"소행성의 이름은 아포피스예요. 2029년 소행성 아포피스가 지구에 충돌하거나 아주 가까이 스쳐 간대요. 그때 데리러 온다는 거예요."

"정말? 근데 그때를 놓치면 어떡해?"

"걱정하지 마요. 2036년에 또 한 번의 기회가 있어요. 꼭 돌아가게 될 거예요."

J가 주저앉아 엉엉 울었어. 기쁘기도 하고 마음도 놓여서 그런가 봐. 우리는 J 왕자가 울음을 그칠 때까지 가만히

서서 기다려 주었어.

참, 그런데 갑자기 나에게 예언 능력이 생겼냐고? 글쎄, 그냥 안천재는 워낙 똑똑하다는 것만 알아 줘.

황금비란 무엇일까?

황금비는 그리스 수학자 피타고라스가 세상에서 가장 아름답다고 생각한 비율이야. 정오각형의 각 대각선을 연결하여 별을 그리면 정오각형의 한 변을 1이라고 할 때, 한 대각선의 길이는 1.618이 되지. 즉, 한 변과 한 대각선의 비는 1:1.618인 황금비가 되는 거야.

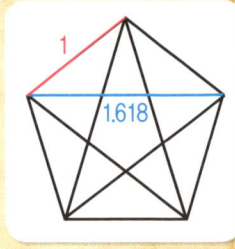

황금비는 매우 안정적이어서 건축과 조각 등 여러 분야에 널리 쓰여. 석굴암도 황금비를 따랐어. 그런데 석굴암의 황금비는 1:1.414야. 이 비율을 동양의 황금비, 금강비라고도 해.

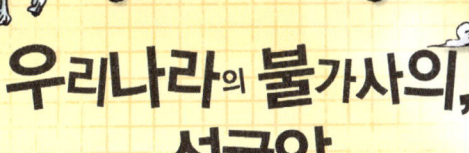

우리나라의 불가사의, 석굴암

약 1200년 전 통일 신라의 김대성이 만든 석굴암. 이 작은 인공 석굴 사원은 당시의 뛰어난 수학, 과학, 건축 기술을 한눈에 보여 주어 세계문화유산으로 인정받았다.

특히 돔(공처럼 둥근 모양을 반으로 자른 반구형의 건축 구조)

끼임돌

모양의 천장은 화강암 벽돌을 이용해 쌓았는데, 이는 당시 사람들이 원의 둘레를 정확히 계산할 수 있었기 때문에 가능했다. 둥근 천장이 무너지지 않도록 커다란 돌 사이사이에 30개의 끼임돌을 박아 힘의 균형을 맞춘 것도 훌륭하다.

석굴암이 우리나라의 불가사의로 손꼽히는 이유 중 하나는, 보통 석굴에는 습기가 많이 차는데 석굴암의 안에는 습기가 차지 않는다는 점이다. 바닥의 돌 밑으로 차가운 물이 흐르게 하여, 습기가 천장과 본존불에 붙지 않고 차가운 바닥에 머물게 만들었기 때문이다.

MYSTERY

14

천재의 영혼, 드디어 몸을 되찾다!

 드디어 내 몸에 들어갈 시간이야. 저기 누워 있는 아름다운 내 몸. 황금비도 아니고, 8등신도 아니지만 그래도 제법 개성 있는 몸매 아냐?
 그런데 내 몸 옆에 있는 용비의 몸 좀 봐. 나랑 참 닮았는데, 어쩌면 그렇게 내가 더 잘생겼지? 나는 용비에게 엄포를 놓았어.
 "용비 너, 내 몸으로 들어가면 안 돼. 더 잘생긴 쪽이 나야."
 "흥, 그럼 네가 내 몸으로 들어가야겠네. 내가 더 훨씬 낫거든!"

J는 콧구멍을 후비며 우리 두 사람의 몸을 번갈아 살펴보았어.

"내 눈에는 둘 다 못생겼네, 뭐. 아무 몸에나 들어가. 구별도 잘 안 되겠는데, 뭐."

용비와 나는 동시에 소리를 꽥 질렀어. J는 너무 놀라 코를 파던 손으로 콧구멍을 푹 찔렀지. J의 콧구멍에서 빨간 코피가 뚝뚝 바닥으로 떨어지려…….

"으헉! 내 몸에 떨어지면 안 돼."

나는 재빨리 내 몸으로 들어가 피했어. 용비는 나보다 더 빠르지 뭐야. 다행히 우리의 몸은 외계 유령의 코피로 더럽혀지지 않았어.

오랜만에 **영혼과 육체**를 합체했더니 기분이 좀 이상했어. 영혼일 때는 무척 가벼웠지만 어딘지 허전했는데, 몸으로 돌아오니 묵직하고 포근하고, 안정감이

있어서 더 좋은 것 같아.

"어때?"

나는 용비에게 물었어. 용비도 고개를 끄덕였지.

바로 그때, 탐정 유령이 계순 누나를 데리고 나타났어. 나는 계순 누나에게 와락 안겼어.

할머니를 왜 누나라고 하냐고? 내가 처음 만났을 때는 누나의 모습이었거든. 아무튼 여자들은 무조건 젊게 불러 줘야 해. 이게 바로 남자들에게 필요한 인생의 지혜라는 거야.

계순 누나는 마방진 탐정 유령의 부인이야. 탐정 유령은 젊어서 죽어 젊은이 모습을 한 유령이 되었고, 계순 누나는 늙어서 죽어 할머니 모습을 하고 있지. 그래도 마음은 얼마나 젊고, 착하고, 씩씩하고, 멋지다고.

"누나, 여긴 웬일이에요?"

"천재야, 괜찮니? 외계 유령이 인간 어린이들을 괴롭혔다는 정보를 받고 출동했어. 외계 유령 J. 인간 어린이들을 괴롭힌 죄로 체포한다. 유령 감옥에 갇히는 벌을 받게 될 거다."

J의 눈이 왕방울만큼 커졌어.

"감옥이라고? 싫어. 싫어. 난 갇히는 거 싫어."

　J는 할머니의 신단 뒤로 숨었어.

　"J, 안 돼요, 안 돼! 거긴 함부로 들어가면 안 되는 곳이라고요!"

　용비가 J를 잡으러 따라 들어갔어.

　"외계 유령, 나와라! 순순히 잡히지 않겠다면 완력을 사용하겠다."

　계순 누나도 수갑을 휘두르며 따라 들어갔어. 행여 계순 누나가 다칠까 봐 탐정 유령도 쫓아갔지.

　우당탕탕 쿵탕탕. 흰 수염의 신령님 사진이 넘어지고, 병풍이 흔들리고, 징이 바닥에 떨어지고, 촛대는 넘어져 초가 데굴데굴 굴렀지.

　난 미신을 안 믿지만 말이야, 용 할머니의 신단이 엉망이 되는 건 참을 수 없어.

　"그만들 해요. 싸우고 싶은 사람은 나가서 싸우라고요. 여긴 용 할머니 집이라고요오오!"

　나는 화가 난 호랑이처럼 으르렁거렸어. 바로 그때였어. 용 할머니 유령이 황토벽의 갈라진 좁은 틈을 비집고 나왔어.

　"나 생각해 주는 녀석은 우리 천재밖에 없구나. 에구, 엉망이 되었네. 어지른 녀석들이 치워."

용 할머니의 말에 J와 용비, 계순 누나는 떨어진 물건을 주워 들었어. 계순 누나는 초, 촛대, 산신령님 그림, 징, 방울을 치웠어. 용비는 보자기, 병풍, 꽃다발, 접시를, J는 부채, 꽃신, 깃발을 치웠지.

용 할머니가 J를 가리켰어.

"이봐, 외계 왕자. 나는 유령 세계에서 가장 용한 용 할머니야. 자넨 내 말을 안 들었으니 혼쭐이 나야겠구먼."

"왜요? 3개 치웠잖아요."

J는 억울하다는 듯 소리쳤어. **수학 실력**이 모자란 탓이지, 용 할머니 말을 안 듣고 싶은 건 아니었을 테니 억울할 거야.

"할머니, J는……."

용비가 J의 편을 들어 주려고 했어. 할머니는 고개를 끄덕였지.

"안다, 말 안 해도 다 알아. 외계에서 여기까지 와서 고생하니까 불쌍하게 여겨 달라고? 좋아. 하지만 고생은 곧 끝날 거야. 이봐 외계 유령, 자네는 머지않아 가족을 만나 오래오래 행복하게 살 거야."

"정말요? 우리 부모님을 만나게 될까요?"

"그럼. 자네는 장가도 못 가고 평생 부모님과 함께 살 거야. 어디 보자……. 2029년에 운이 풀려 부모님을 만날 운명이구먼. 그러니까 말썽 그만 피우고 저 예쁜 형사 유령을 따라 유령 세계로 가. 말썽을 더 피웠다가는 다시는 고향에 못 돌아가는 수가 있어. 알겠나?"

"네. 용한 할머니 말씀이라면 따라야지요."

J는 순순히 대답하며 고개를 두리번거렸어.

"근데 예쁜 형사 유령이 어디 있어요? 쭈글쭈글한 할머니 유령밖에 없는데."

　그 말이 탐정 유령의 화를 돋웠어. 탐정 유령은 J에게 분노의 꼬리 차기를 날렸지.

"우리 계순 씨에게 함부로 하는 녀석은 가만두지 않겠어!"

　아악, 나는 눈을 감았어. 바람을 가르는 꼬리 차기 소리도, 비명도 나지 않았어. 슬그머니 눈을 떠 보니, 계순 누나가 재빨리 J를 체포해 하늘로 데리고 가 버렸어.

　탐정 유령의 짧은 꼬리 차기는 허공을 헤매다 민망하게 내려앉았지.

"뭐, 어쨌든 골칫거리는 해결했으니 됐어. 천재, 용비. 이제 너희의 유령 기억을 없애야겠다."

　탐정 유령의 목소리가 부드러워졌어. 나랑 헤어지기 섭섭해서 그러는 거 알아. 나도 섭섭해요. 이번에 우리, 정말 스릴 만점이었죠? 그러니까 우리 또 만나요, 유령 친구. 아니 목숨이 위태로워서 안 되겠어요. 또 보지

말아요, 유령 친구. 분위기를 잡았더니 눈물이 날 것 같았어.

"얘들아, 눈을 감아. 뭐가 보이니?"

탐정 유령이 물었어. 나는 아무것도 안 보여. 하지만 용비는, 탐정 유령의 유령 기억을 사라지게 하는 주문이 안 통했는데?

"잠깐만……."

순간 눈앞이 까매졌어. 별똥별 같은 밝은 불빛이 어지럽게 돌더니 팟!

"천재야. 그만 좀 일어나. 맨날 낮잠만 자니까 맨날 개꿈을 꾸지. 또 예지몽이니 뭐니 하며 헛소리했다가는 혼날 줄 알아."

이상하네. 잠결이라 그런가? 지겨운 엄마의 잔소리가 오늘따라 걸 그룹 누나의 노랫소리 같지 뭐야.

초과·이상·미만·이하

용 할머니가 3개를 초과해 치우라고 했는데, J는 3개만 치웠어. 3개면 3개를 초과한 걸까 아닐까? 초과, 이상, 미만, 이하의 차이점을 알아보자.

초과
(기준인 수보다 큰 수)
3개 초과면 3개는 포함되지 않는다.

미만
(기준인 수보다 적은 수)
3개 미만이면 3개는 포함되지 않는다.

이상
(기준인 수와 같거나 더 큰 수)
3개 이상이면 3개도 포함된다.

이하
(기준인 수와 같거나 더 적은 수)
3개 이하면 3개도 포함된다.

만약 사과를 하루에 4조각 초과해서 먹기로 하였으면, 4조각만 먹으면 안 되고, 5조각, 6조각…… 먹어야 한다는 거야.

에필로그

도플갱어와의 아쉬운 이별

"천재야, 저기 네가……, 그러니까 너랑 똑같은 사람이 있어. 꺅! 도플갱어다. 천재 네 도플갱어."

주리가 전화기에 대고 꺅꺅 소리를 질렀어. 나랑 통화를 하는 중에 나랑 똑같은 사람을 봤대. 키도, 얼굴도, 눈빛도, 머리카락도 똑같다나?

"정말 지금 집이야? 그, 그럼 저 애는 누, 누구야?"

주리의 목소리가 덜덜 떨렸어. 공포의 여왕이라며 맨날 나를 겁주더니 쌤통이다.

"주리야. 내 도플갱어 감시하고 있어. 내가 지금 그리로 금방 갈게."

잠시 후, 나는 지한이와 함께 한달음에 내 도플갱어가 있는 도서관 옆 벤치로 달려갔어.

주리는 건물 뒤에 숨어 나랑 똑같이 생긴 도플갱어를 감시하고 있었어. 내가 자주 입는 줄무늬 셔츠에 모자 달린 점퍼까지 똑같은 내 도플갱어……가 아니라 용비를 말이야.

사실 주리를 놀려 주려고 용비랑 짠 거야. 작전은 성공!

"나를 속인 거야? 이 못된 녀석아. 넌 보름달 밤에 피 흘리는 뱀파이어가 물어 갈 거야. 밤마다 횃불을 든 유령이랑 숨바꼭질할 거야. 수영장에서 머리를 풀어 헤친 물귀신이 쫓아올 거야. 절대로 진짜 천재는 못될 거야. 이 천재가 아닌 안 천재야."

주리는 자기가 아는 온갖 공포스러운 말을 다 뿜어 대며 펄펄 뛰었어. 하지만 용비를 보고는 깔깔 웃었지.

"천재 친구라고? 정말 끝내준다. 나도 도플갱어 놀이 해

보고 싶은데 나랑 닮은 애가 없네. 어휴, 아쉽다."

주리는 용비가 마음에 쏙 들었대. 용비의 모든 것, 그러니까 곱슬머리랑 무당 할머니의 손녀인 것도 부러워 죽겠대.

"어휴, 머리야 파마를 하면 되지만 할머니는 바꿀 수도 없고. 어휴, 운명은 정말 내 편이 아니야."

주리는 한숨을 푹푹 쉬었어. 용비는 그런 주리를 보고 깔깔깔 웃었지. 용비도 내 친구 주리와 지한이가 마음에 쏙 들었나 봐.

"천재 네 친구들 정말 마음에 든다. 주리는 용감하고 지한이는 진지하고. 널 맡길 만해."

쳇, 내가 뭐 비행기 수하물이냐? 맡기게?

"천재 너, 전에도 도플갱어 본 적 있지? 그거 사실 나였어. 너 보러 온 건데 네가 놀라서 내가 더 놀랐어. 그런데 천재야, 도플갱어나 유령 따위에 겁먹지 마. 무서움은 다 네 마음속에 있는 거야. 너를 믿어."

용비는 또 용 할머니처럼 이상한 소릴 해 댔어. 날 걱정하는 건 알지만 아기 취급은 하지 말라고. 난 사춘기 문턱에 서 있는 새끼 사자라고! 근데 유령이나 도플갱어가 있다고, 없다고? 주리도 궁금했나 봐.

"그러니까 유령이나 도플갱어 같은 게 없다고? 용한 무당 용 할머니의 손녀, 넌 그렇게 생각해?"

용비가 고개를 끄덕였어. 주리는 고개를 세차게 흔들며 폴짝폴짝 뛰었어.

"아, 싫어 싫어. 유령이랑 뱀파이어랑 귀신이랑 도플갱어 같은 게 없는 세상을 심심해서 어떻게 살아. 다 있어. 있다고 해 줘."

나는 유령, 뱀파이어, 귀신이 없는 세상에서 살고 싶어. 자꾸 있을 것 같은 느낌이 들지만 만약 유령이 있다면,

우리를 겁주는 나쁜 유령들뿐 아니라 친구가 돼 줄 착한 유령도 있다고 생각해. 그러니까 너무 무서워하진 않을래.

며칠 뒤, 용비는 칠레 산티아고로 떠났어. 당분간 내 앞에 도플갱어는 안 나타날 것 같아 다행이야. 아니, **착한 도플갱어**가 나타났으면 좋겠다. 나 대신 시험도 봐 주고, 심부름도 해 주고, 엄마 잔소리도 들어 주면 정말 좋겠다.

수학 개념과 초등 교과 연계 내용

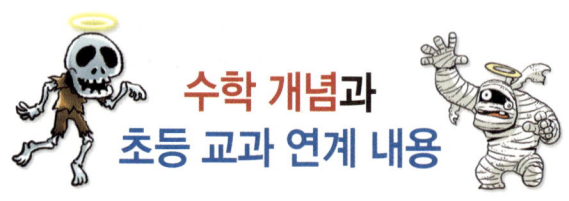

수학 개념	본 책	관련 단원	
		학년-학기	단원
거듭제곱	50p		중등 수학
금강비	166p		중등 수학
기하학적 도형	44p		수학 상식
닮음	120p		중등 수학
무게 중심	101p		중등 수학
문제해결	25p, 39p, 75p	5-1	3. 규칙과 대응
백분율	154p	6-1	4. 비와 비율
분수의 덧셈	110p	5-1	5. 분수의 덧셈과 뺄셈
사각뿔	88p	6-1	2. 각기둥과 각뿔
수학자-마리아 레이헤	111p		수학 상식
십진법과 이진법	63p		중등 수학
원주(원의 둘레)	130p	6-2	5. 원의 넓이
이상과 이하, 초과와 미만	177p	3-1	1. 덧셈과 뺄셈
정사각형의 넓이	48p	5-1	6. 다각형의 둘레와 넓이
정팔각형	143p	4-2	6. 다각형
황금비	89p, 166p		수학 상식

퀴즈! 과학상식

엉뚱한 유머와 상상을 초월하는 재미가 가득!
쉽고 재밌는 과학·수학 원리가 머리에 쏙쏙!

#	제목	#	제목
1	동물	44	황당 과학
2	인체	45	공포 과학 사건
3	우주	46	공격·방어
4	발명·발견	47	황당 수학
5	물리·화학	48	꼬질꼬질 과학
6	날씨·환경	49	오싹오싹 과학
7	바다·해저	50	미스터리 수학
8	곤충	51	공부 과학
9	똥·방귀	52	공포 수학 사건
10	로봇	53	미스터리 암호 과학
11	몸속 탐험	54	공포 퍼즐 수학
12	지구 탐험	55	황당 추리 수학
13	에너지	56	황당 수수께끼 과학
14	전기·자석	57	황당 마술 수학
15	독·희귀 동·식물	58	황당 요리 수학
16	로켓·인공위성	59	SOS 생존 과학
17	두뇌 탐험	60	공포 미로 수학
18	벌레	61	황당 암호 수학
19	사춘기·성	62	SOS 쓰레기 과학
20	남극·북극	63	황당 캠핑 수학
21	동굴 탐험	64	황당 게임 수학
22	사막·정글	65	최강 개그 과학
23	질병·세균	66	황당 요괴 수학
24	화산·지진	67	황당 도형 수학
25	불가사의	68	황당 직업
26	세계 최고·최초	69	황당 연산 수학
27	천재 과학자	70	황당 개그 수학
28	파충류·양서류	71	황당 텔레비전 수학
29	실험·관찰	72	황당 불량 과학
30	응급처치	73	뇌와 인공 지능
31	미래 과학	74	최강 로봇 수학
32	벌레잡이 식물	75	빅데이터 과학
33	식품·영양	76	드론 과학
34	스포츠 과학	77	가상 현실·증강 현실
35	엽기 과학	78	사물 인터넷 과학
36	공룡	79	황당 방송 과학
37	별난 연구	80	3D 프린팅 과학
38	과학수사	81	엉뚱 실험 수학
39	공포 과학	82	황당 측정 수학
40	공포 미스터리	83	유튜브 크리에이터
41	별난 요리	84	세계 불가사의 수학
42	공포 독·가스	85	귀여운 강아지 과학
43	공포 마술	86	엔트리 코딩
		87	미확인 괴생명체 과학
		88	과학 법칙

★퀴즈! 과학상식 시리즈는 계속 나옵니다.

화제의 도서